新时代农村基层党组织组织力建设研究

刘　渊◎著

西南财经大学出版社
中国·成都

图书在版编目(CIP)数据

新时代农村基层党组织组织力建设研究/刘渊著.—成都:西南财经大学出版社,2023.5
ISBN 978-7-5504-5750-8

Ⅰ.①新… Ⅱ.①刘… Ⅲ.①中国共产党—农村—基层组织—党的建设—研究 Ⅳ.①D267.2

中国国家版本馆 CIP 数据核字(2023)第 071118 号

新时代农村基层党组织组织力建设研究

XINSHIDAI NONGCUN JICENG DANGZUZHI ZUZHILI JIANSHE YANJIU

刘渊 著

策划编辑:陈何真璐
责任编辑:廖 韧
责任校对:植 苗
封面设计:墨创文化
责任印制:朱曼丽

出版发行	西南财经大学出版社(四川省成都市光华村街 55 号)
网　　址	http://cbs.swufe.edu.cn
电子邮件	bookcj@swufe.edu.cn
邮政编码	610074
电　　话	028-87353785
照　　排	四川胜翔数码印务设计有限公司
印　　刷	郫县犀浦印刷厂
成品尺寸	170mm×240mm
印　　张	11
字　　数	206 千字
版　　次	2023 年 5 月第 1 版
印　　次	2023 年 5 月第 1 次印刷
书　　号	ISBN 978-7-5504-5750-8
定　　价	68.00 元

目　录

绪　论

第一节　选题的缘由及意义

一、选题的缘由

党的十九大报告指出："要以提升组织力为重点，突出政治功能，把企业、农村、机关、学校、科研院所、街道社区、社会组织等基层党组织建设成为宣传党的主张、贯彻党的决定、领导基层治理、团结动员群众、推动改革发展的坚强战斗堡垒。"① 2022 年中央一号文件提出坚持和加强党对"三农"工作的全面领导，特别强调要充分发挥农村基层党组织领导作用，扎实推动乡村振兴取得新进展、农业农村现代化迈出新步伐。党的二十大报告再次强调："持续整顿软弱涣散基层党组织，把基层党组织建设成为有效实现党的领导的坚强战斗堡垒。"②由此可见，加强农村基层党组织组织力建设，推动农村基层党建高质量发展，助力乡村全面振兴，已是一个十分重要的时代命题。

纵观中国共产党领导农村建设的百年历程，中国共产党在不同历史时期提出了不同的建设方略，推进了不同历史时期农村经济社会的全面发展，确保了党对农村经济社会的全面领导。改革开放以来，农村经济社会环境发生了巨大改变，农村基层党组织的传统治理方式已经无法有效适应新时期农村经济社会发展的客观需要。党的十八大以后，我国农村基层党组织建设得到有效加强，农村基层党组织的组织力建设持续推进，取得了明显的成效。党的十九届六中全会再次明确提出："党始终把解决好'三农'问题作为全党工作重中之重，

① 习近平. 决胜全面建成小康社会 夺取新时代中国特色社会主义伟大胜利：在中国共产党第十九次全国代表大会上的报告［N］. 人民日报，2017-10-28（1）.

② 习近平. 高举中国特色社会主义伟大旗帜 为全面建设社会主义现代化国家而团结奋斗：在中国共产党第二十次全国代表大会上的报告［N］. 人民日报，2022-10-26（1）.

实施乡村振兴战略，加快推进农业农村现代化。”

党的二十大报告指出，全面建设社会主义现代化国家，最艰巨最繁重的任务仍然在农村①。当前，我国广大农村正处于脱贫攻坚成果巩固期和乡村振兴发力期的“衔接关键期”。在此关键时期，我国农村基层党组织面临更加复杂的新问题和更为艰巨的新挑战。随着农村经济社会的快速发展和生产生活方式的急速变迁，不同区域的多种问题不断叠加、部分农村依然存在相对贫困治理长效机制不健全等问题，客观上需要通过农村基层党组织以党建引领乡村治理创新，协助解决各类问题。妥善解决这些问题，关系到我国农村的和谐稳定、相对贫困的有效治理、乡村全面振兴的有序推进、党的执政基础的巩固夯实等重大问题。这些现实要求与新时代部分农村基层党组织建设依然存在的形式化、内卷化、文牍化、边缘化等方面的真实图景形成了鲜明的对比，客观上影响了我国农村经济社会各个方面的高质量发展。因此，学界应对新时代农村基层党组织组织力建设存在的问题进行深入研究，以农村基层党组织组织力建设为抓手全面提升农村基层党建水平，以高质量党建引领乡村治理、巩固党在农村的执政基础，助推乡村全面振兴。

二、选题的意义

时代是思想之母，实践是理论之源。立足于新的世情、国情和党情，深入研究农村基层党组织组织力建设，对于加强新时代基层党组织建设的理论研究和党建引领社会治理的实践推进具有积极意义。

1. 理论意义

对新时代农村基层党组织组织力进行研究，在理论层面具有积极的意义，主要体现在以下几个方面：一是从概念界定的角度而言，农村基层党组织组织力研究涉及组织力、政党组织力、农村基层党组织组织力等一般概念，本书从理论上进一步阐释相关概念的内涵和外延；二是从“五大内容”和“四重逻辑”两个层面而言，本书构建了较为立体的理论分析框架，为新时代农村基层党组织组织力建设研究提供新的分析视角；三是从时代价值而言，本书聚焦农村基层党组织组织力建设的现实指向和基本着力点，解析了农村基层党组织组织力建设的现实需要和客观功能；四是从实践路向层面而言，本书采用具有针对性的资料，剖析了新时代农村基层党组织建设面临的全新挑战和具体问

① 习近平. 高举中国特色社会主义伟大旗帜 为全面建设社会主义现代化国家而团结奋斗：在中国共产党第二十次全国代表大会上的报告 [N]. 人民日报，2022-10-26 (1).

题，总结建设经验，探究加强农村基层党组织组织力建设的有效路径。

2. 实践意义

加强新时代农村基层党组织组织力建设，有利于针对性地探索农村基层党组织的先进性、服务性和纯洁性的建设路径，有利于总结新时代中国共产党基层治理的典型经验，有利于充分发挥新时代农村基层党组织的政治功能和服务功能，有利于彰显中国特色社会主义制度的优势，不断提升农村基层党组织领导经济社会发展的能力，推进乡村全面振兴。具体而言，本书的实践意义体现在：一是全面总结了新时代中国共产党农村基层治理的典型经验，有利于充分发挥新时代农村基层党组织的政治功能和服务功能；二是着力解决当前农村基层党组织组织力建设中存在的关键问题，对当前农村基层组织建设具有积极的指导作用；三是归纳形成了新时代农村基层党组织组织力建设的基本原则和根本目标，对于在全面推进乡村振兴战略背景下加强农村基层党组织组织力建设具有一定的指导价值。

第二节　国内外研究现状

一、国内学者关于农村基层党组织组织力的相关研究

国内学界关于农村基层党组织组织力的系列研究主要是在党的十九大之后逐渐展开的，主要针对农村基层党组织组织力的基本内涵、农村基层党组织组织力建设的具体问题及缘由、农村基层党组织组织力的建设路径等方面进行了较为深入的研究，取得了较为丰富的成果。

1. 关于基层党组织组织力内涵的研究[①]

经过文献梳理可见，学界针对基层党组织组织力的研究主要提出了四类代表性观点。一是“构成论”，倾向于从能力构成来阐述组织力。黄海清提出，组织力由“政治领导力、组织覆盖力、群众凝聚力、社会号召力、发展推动力和自我革新力等”[②] 构成；李毅弘等提出，组织力是由“中心力、内环力、外环力”三个层面构成[③]；李小新提出，新时代村级党组织组织力，应由“政

---

① 本节部分观点和内容刊载于：刘渊. 西部农村党组织组织力建设的内涵解析、现实反思与实践进路：基于三个行政村的调研［J］. 探索，2019（6）：120-128.

② 黄海清. 基层党组织组织力初探［J］. 党建研究，2018（2）：36-38.

③ 李毅弘，杨雅涵. 新时代村级党组织组织力的生成：理论探析与现实关照［J］. 探索，2019（4）：127-135.

治领导力、组织覆盖力、自我革新力、群众凝聚力、社会号召力、发展推动力”构成①；尤琳、魏日盛提出，村级党组织组织力包括政治领导力、内部管理力、社会动员力、发展推动力和思想引领力五种组织能力②。二是“分层论”，侧重从不同层面解析组织力。简皎洁将组织力界定为“一种网络化的系统性能力”，提出“内聚力、渗透力”等③概念；刘红凛从内在指向上指出组织力是一种“内聚力”，强调提升全党与各级党组织的统一性与协调性的能力与水平，从外在指向上提出组织力基本等同于“领导能力+执政能力”，强调“要紧密结合马克思主义政党的政治性、组织性与纪律性，从政治高度来审视党的组织力”④。三是“合力论”，强调组织力是一种为实现党组织的基本任务而相互作用、相互影响的合力。高振岗提出，组织力是基层党组织焕发出的“动员力、发展力、监督力、管理力、执行力、知识力、战斗力、凝聚力形成的合力”⑤；李长学从狭义和广义两个层面强调组织力是为加强自身建设和“完成新时代农村工作任务所需要的多方面能力的集合”⑥；王华认为，组织力是“组织内各个方面有机结合在一起的一种整体力，是设计组织结构和配备组织资源的能力，是组织结构力和组织文化力的综合体现”⑦；孙会岩认为，基层党组织组织力是基层党组织功能实现的总体能力，是党组织在自身建设和社会治理中“对内”“对外”组织能力的总称⑧；郑琦等认为组织力是指组织为实现目标和任务而将相关资源有效整合、配置的能力⑨；项久雨、张晓骏提出，基层党组织组织力是基层党组织发挥出的一种综合性、系统性力量，它包括基层党组织的政治领导力、思想引领力、群众凝聚力、发展推动力和自我革

① 李小新. 全面提升基层党组织组织力［N］. 光明日报，2017-11-27（2）.

② 尤琳，魏日盛. 乡村振兴战略背景下提升村级党组织组织力研究［J］. 社会主义研究，2022（1）：122-129.

③ 简皎洁. 基层党组织组织力的历史逻辑、现实价值与提升路径［J］. 上海党史与党建，2018（9）：48-51.

④ 刘红凛. 党的组织力的内外向度与政治意蕴［J］. 当代世界与社会主义，2019（4）：162-169.

⑤ 高振岗. 新时代党的基层组织提升组织力的理论探源与实践路向［J］. 探索，2018（2）：101-106.

⑥ 李长学. 新时代农村基层党组织组织力现状与提升［J］. 理论导刊，2019（7）：23-28.

⑦ 王华. 从六个方面提升基层党组织组织力［J］. 中国党政干部论坛，2018（3）：79-81.

⑧ 孙会岩. 人工智能时代基层党组织组织力创新研究［J］. 探索，2020（2）：137-148.

⑨ 郑琦，陶周颖. 提升基层党组织组织力的内在逻辑及实践路径［J］. 马克思主义研究，2020（1）：107-114.

新力五个方面，并在这五个方面基础上形成综合合力①。四是“价值论”，在强调组织力是基层党组织在实现党的领导和加强党的建设过程中的能力之外，同时重视新时代全面从严治党、实现国家治理现代化的价值②；王可园认为，要从政党自身、政党与社会的关系两个角度来认识基层党组织组织力③。

总体来看，学界围绕组织力内涵的研究主要是从概念界定、功能要求、元素构成、价值属性等视角进行学理分析，阐释了基层党组织组织力建设的关键点所在。不过，从研究方法、研究对象和研究视角等方面来看，相关学者的研究仍然存在一些不足。在研究方法层面，有些学者简单套用西方组织学说中关于组织力的一般界定，忽略了基层党组织建设应根植于不同经济社会环境下的客观现实；在研究对象层面，有些学者从宏观层面对党的基层党组织组织力进行了笼统分析，针对区域性的农村基层党组织组织力建设的现实关照明显不足；在研究视角层面，有些学者侧重于从类型或功能层面来探讨基层党组织的组织力，忽略了基层党组织组织力建设的内生因素，淡化了基层党组织推进自我革命的历史场域分析等。

2. 关于农村基层党组织组织力建设的问题及挑战方面的研究

对于农村基层党组织组织力建设的问题及挑战，学界主要是从内部原因和外部原因两个方面进行研究。内部原因的研究主要侧重于农村基层党组织自身建设的不足对基层党组织组织力提升的影响，外部原因的研究主要是探索农村经济社会等现实情况对基层党组织组织力提升的制约等。

在内部原因研究方面，相关学者主要围绕农村基层党组织的制度平台建设不够、组织结构体系不合理、党组织自身能力不足和领导核心引领作用发挥不足等方面进行阐释。针对基层党组织制度平台建设不够的研究，包括：郭华等提出，新时代提升党的群众组织力，在制度、平台和话语体系方面面临困境等④；王久高提出，基层党组织的规范管理和制度化建设力度不够对基层党组织组织力建设影响较大⑤；周德祥认为组织制度不健全等问题严重影响了基层

---

① 项久雨，张晓骏．新时代基层党组织组织力提升与政治功能的实现［J］．学习与实践，2021（9）：5-12.

② 陈家刚．党内法规视角下的基层党组织组织力建设［J］．江汉论坛，2022（1）：35-42.

③ 王可园．农村基层党组织组织力的困境及出路：基于“结构—过程—文化”视角的分析［J］．江西师范大学学报（哲学社会科学版），2020（1）：25-32.

④ 郭华，文学禹．新时代党的群众组织力提升的现实困境与制度创新［J］．江西社会科学，2018（7）：219-227.

⑤ 王久高．党的基层组织的组织力及其实现［J］．湖湘论坛，2021（1）：17-24.

党组织组织力的发挥①。针对基层党组织组织结构体系不合理的研究，主要包括：赵洁等提出，农村基层党组织组织力建设存在基层党组织结构设置不合理、运行机制不完善等问题②；王可园认为农村基层党组织结构不够合理和农村基层党组织自身运转不规范等问题也是重要因素③。针对基层党组织自身能力不足和领导核心引领作用发挥不足的研究，包括：王久高认为基层党组织组织群众的能力欠缺、基层党组织不能有效驾驭社会组织④；林星、王宏波提出，农村党组织面临覆盖力萎缩、凝聚力弱化、执行力异化、服务力泛化等组织力提升困境⑤；肖长春、郑传芳认为当前村级党组织存在党员的全面有效覆盖不足、党组织自身能力不足和领导核心作用发挥不足等问题⑥。也有学者围绕农村基层党组织党风廉政建设不够、践行群众路线不力等方面分析了农村基层党组织组织力建设存在的现实挑战。

在外部原因研究方面，研究者主要围绕村庄空心化、经济资源发展不足、农村社会结构利益调整，以及农村经济社会发展变革等相关方面进行了探究。有学者提出村庄内部空心化，面临“组织找人难”问题⑦；也有学者提出经济资源不足、人才资源匮乏、组织制度不健全等问题严重影响了农村基层党组织组织力的发挥⑧；有学者提出乡村社会发展变革的“倒逼”、农业农村农民变革的“倒逼”、部分村级党组织软弱涣散的“倒逼”，已是谋划新时代村级党组织组织力提升需要直面回应的现实诉求⑨；有学者提出农村社会发展的碎片化、农村党员群众的分散化、农村社会利益结构调整这样的内外部环境，导致

---

① 周德祥. 乡村“三治”建设中农村基层党组织组织力提升路径探析［J］. 中州学刊，2021（8）：28-32.

② 赵洁，陶忆连. 乡村振兴中提升农村基层党组织组织力研究［J］. 北京航空航天大学学报（社会科学版），2021（1）：16-21.

③ 王可园. 农村基层党组织组织力的困境及出路：基于“结构—过程—文化”视角的分析［J］. 江西师范大学学报（哲学社会科学版），2020（1）：25-32.

④ 王久高. 党的基层组织的组织力及其实现［J］. 湖湘论坛，2021（1）：17-24.

⑤ 林星，王宏波. 乡村振兴背景下农村基层党组织的组织力：内涵、困境与出路［J］. 科学社会主义，2019（5）：115-120.

⑥ 肖长春，郑传芳. 提升村级党组织组织力：理论、现实与实现路径［J］. 江西财经大学学报，2019（4）：101-106.

⑦ 尤琳，魏日盛. 乡村振兴战略背景下提升村级党组织组织力研究［J］. 社会主义研究，2022（1）：122-129.

⑧ 周德祥. 乡村“三治”建设中农村基层党组织组织力提升路径探析［J］. 中州学刊，2021（8）：28-32.

⑨ 张书林. 新时代村级党组织组织力提升：动因、要义与路向［J］. 探索，2022（3）：108-119.

农村基层党组织生存空间萎缩化、基层群众工作复杂化和农村基层党组织政治功能弱化等①。

综上可知，学界针对农村基层党组织组织力建设存在的问题和挑战进行了较为深入的研究。相较而言，较多学者对农村基层党组织组织力建设相关问题和挑战的内部原因剖析更多，大多注重从制度平台、组织结构体系以及党组织自身能力建设的不足进行研究阐释；部分学者在外部原因分析方面探及农村经济社会迅速变革、农村社会利益深刻调整、农村人力资源严重短缺等外部环境因素的影响。总体而言，当前部分农村基层党组织的政治领导力、社会号召力、服务群众力、文化凝聚力、创新发展力等方面依然存在较多不足，这是亟待学界进一步加强研究的重要内容。

3. 关于农村基层党组织组织力建设路径等方面的研究

对于农村基层党组织组织力建设的路径选择，学界主要聚焦基层党组织的政治建设、组织建设、制度建设、文化建设、服务群众、能力提升等方面展开研究。代表性观点如下：在政治建设方面，王久高认为要突出农村基层党组织的政治功能，将其作为提升基层党组织组织力的重要着力点②；陈家刚提出加强政治建设，强化政治功能，这是基层党组织组织力建设的根基③。在组织建设方面，陈家刚提出要加强基层党组织的组织建设，提高党组织的覆盖面④；郑琦等认为基层党组织需要以组织设置为推手，不断拓展组织范围⑤。在制度建设方面，陈家刚认为基层党组织的组织力建设，关键在于建构规范、有效、权威性的制度体系⑥；郭华等认为要建立健全相关制度，为群众工作提供保障机制⑦。在文化建设方面，王可园提出构建积极健康的农村基层党内政治文化、培育社会信任文化，以全面提升农村基层党组织组织力⑧；林星、王宏波

---

① 徐晨光，王小萍. 调适与发展：农村基层党组织组织力提升的政治逻辑［J］. 湖湘论坛，2021（1）：25-35.

② 王久高. 党的基层组织的组织力及其实现［J］. 湖湘论坛，2021（1）：17-24.

③ 陈家刚. 基层党组织组织力建设：实践价值与提升路径［J］. 学海，2021（6）：24-31.

④ 陈家刚. 基层党组织组织力建设：实践价值与提升路径［J］. 学海，2021（6）：24-31.

⑤ 郑琦，陶周颖. 提升基层党组织组织力的内在逻辑及实践路径［J］. 马克思主义研究，2020（1）：107-114.

⑥ 陈家刚. 党内法规视角下的基层党组织组织力建设［J］. 江汉论坛，2022（1）：35-42.

⑦ 郭华，文学禹. 新时代党的群众组织力提升的现实困境与制度创新［J］. 江西社会科学，2018（7）：219-227.

⑧ 王可园. 农村基层党组织组织力的困境及出路：基于“结构—过程—文化”视角的分析［J］. 江西师范大学学报（哲学社会科学版），2020（1）：25-32.

提出要发挥主流价值观的引领作用，增强党组织对乡村多元文化的凝聚力①。在服务群众方面，陈家刚强调要认真走好群众路线，密切联系群众②；郭华等提出要通过良好的制度设计为群众工作提供保障机制，同时要改变传统表达方式，重构群众工作话语等③。在能力提升方面，较多学者进行了研究阐释。尤琳等提出对政治领导力、内部管理力和外部功能力等方面进行加强④；项久雨等提出要以党在基层的政治领导力、思想引领力、群众凝聚力、发展推动力和自我革新力五个方面为重要突破口加强基层党组织组织力的“合力”建设⑤；林星等从基层党组织的覆盖力、凝聚力、执行力、服务力等方面探讨了农村基层党组织组织力建设的路径等⑥。另外，部分学者探讨了加大政府投入、发展集体经济、加强人才队伍建设，以及需要从国家层面进行顶层设计来统筹推进农村基层党组织组织力建设等相关方面。

综上可知，针对农村基层党组织组织力建设路径等方面的研究，学界较多地依据新时代党的建设“5+2”总体布局进行研究框架设计，侧重于农村基层党组织的政治建设、思想建设、组织建设、作风建设、纪律建设，以及制度建设和反腐败斗争等层面，即更多从基层党组织组织力建设的本质规定性上进行思考，研究新时代农村基层党组织建设的应然状态和本质属性。针对影响农村基层党组织组织力建设的外部因素或者说“受力”群体、“受力”环境，以及“受力”条件等方面的研究较为不足。鉴于当前中国广大农村存在经济社会发展不平衡、不充分等诸多问题，不同区域的农村建设环境、建设基础等都是新时代农村基层党组织组织力建设的重要影响因素。因此，探求新时代农村基层党组织组织力建设路径尚需立足于宏观架构的基础之上，选取典型区域和典型案例进行“解剖麻雀”式的研究，尝试构建新时代农村基层党组织组织力建设之路。

---

① 林星，王宏波. 乡村振兴背景下农村基层党组织的组织力：内涵、困境与出路［J］. 科学社会主义，2019（5）：115-120.

② 陈家刚. 基层党组织组织力建设：实践价值与提升路径［J］. 学海，2021（6）：24-31.

③ 郭华，文学禹. 新时代党的群众组织力提升的现实困境与制度创新［J］. 江西社会科学，2018（7）：219-227.

④ 尤琳，魏日盛. 乡村振兴战略背景下提升村级党组织组织力研究［J］. 社会主义研究，2022（1）：122-129.

⑤ 项久雨，张晓骏. 新时代基层党组织组织力提升与政治功能的实现［J］. 学习与实践，20219（9）：5-12.

⑥ 林星，王宏波. 乡村振兴背景下农村基层党组织的组织力：内涵、困境与出路［J］. 科学社会主义，2019（5）：115-120.

二、国外学者关于组织力以及中国农村基层党组织建设的相关研究

国外学者关于中国农村基层党组织的研究成果较少，相关研究主要是从宏观上研究中国农村和中国共产党的整体建设，很少有学者关注中国农村基层党组织等方向，更没有学者研究中国农村基层党组织组织力建设方面的主题。

通过检索 EBSCO、JSTOR（期刊存储）、CALIS（中国高等教育文献保障系统）等数据库，以主题词检索出“组织建设”“中国农村”“乡村治理”等相关论文 400 余篇，其中专著 20 余部。这些内容主要围绕三个方面。①关于组织内涵的研究，国外学者多从组织内部建设和组织领导能力提升方面进行。如菲利浦·科特勒、史考特·亚当斯等（2005），保罗·托马斯、大卫·伯恩（2003）等多从组织内部整顿、高度信赖、领导力等方面进行研究。②关于中国共产党组织以及中国共产党与农村建设方面的研究，包括：中国共产党基层党组织的党员吸收范围、吸收群体等（维博沃，2011）；认为乡村发展与基层党组织关系不大，乡村能否发展的关键在于市场化导向下城乡资源流动，而非政党组织的介入（Burns，1994；Shambaugh，2008）；认为中国农村干部在一些政策的执行方面出现问题，是因为有些政策与中国共产党的其他政策有一些相抵触之处，而要有效地解决这类问题，除了继续提高中国共产党的执政能力之外，还要对一些政策进行调整（Edin，2003）。③中国农村相关研究等，如从多学科角度研究 20 世纪初的中国农村（Swith，1899；库尔普，1925；布克，1930）；较多学者从中国乡村政治、经济史和社会变迁视角研究 21 世纪后的中国农村等（克鲁克，1959；帕斯特奈克，1972；韩丁，1983；陈佩华，1992；Wilson，2010；Cherng，et al.，2013）。目前，国外学界没有关于中国农村基层党组织组织力建设方面的研究成果，部分国外学者只是对中国农村治理提出了一些原则性的对策思考。

总体看来，国外相关研究借鉴价值不大，特别是对中国特色社会主义新农村的基层党组织组织力建设缺乏实质性的借鉴意义，因而国外的研究对我国农村基层党组织组织力建设的实践价值较为有限。

第三节 研究的思路与框架、重点难点

一、研究的思路与框架

本书主要将“理论阐释—历史考察—现状审视—主要内容—建设路径”

作为分析思路来进行研究。本书在具体研究中主要是从两个层面推进：一是研究农村基层党组织组织力建设的“理论—历史—现实—内容—路径”五大内容；二是内外结合递进式研究“组织力”的四重逻辑，将“组织力”置于“理论—历史—现实—实践”四维坐标，从外部展现“组织力”的基本形态，深入研究“组织力”的主要内容和建设路径，注重从整体上理解“组织力”。在整体框架设计上，绪论主要是从研究的背景和意义切入，阐释了选题的研究缘起和重要意义。第一章主要是对理论建构进行思考，为本书的写作打下理论基础，也是本书整体框架的“理论逻辑”部分。本部分在学界关于基层党组织组织力内涵的研究基础上，针对新时代农村基层党组织组织力建设的现实要求进行概念界定，并系统梳理本书写作的思想资源。第二章主要是运用文献分析法，对中国共产党基层党组织组织力建设的历史进行考察，并分成四个历史时期来“追溯”中国共产党关于农村基层党组织组织力建设的系列做法，以期能为本书的研究提供经验借鉴，此部分也是本书整体框架的“历史逻辑”部分。第三章主要是通过调查问卷、个案访谈以及电话访谈等方式，针对性地选取农村区域进行调研分析，考察新时代农村基层党组织组织力建设的现状，总结建设成就、分析具体建设中亟待改变的现实困境和具体问题，这也是本书整体框架的“现实逻辑”部分。第四章主要聚焦新时代农村基层党组织组织力建设的实践要求而进行探究，侧重解剖农村基层党组织组织力建设的现实维度，分析阐释这些具体问题的实践指向和现实要求。本部分还对新时代农村基层党组织组织力建设的基本原则和根本目标进行分析阐释。第五章主要是立足于新时代的现实坐标，深入研究进一步加强农村基层党组织组织力建设的路径或举措等，构建新时代农村基层党组织组织力建设的“实践逻辑”。

二、重点和难点

本书研究的重点和难点主要体现在以下两个方面：

1. 本书研究的重点

本书研究的重点主要是新时代农村基层党组织组织力建设的主要内容和建设路径。新时代农村基层党组织组织力建设需要紧密结合农村经济社会发展的客观现状和时代发展的最新潮流，这是新时代农村基层党组织组织力建设的基本指针和现实要求。因此，立足于发展新阶段、遵循新发展理念、聚焦发展任务、结合区域文化传统，探寻整合具有不同区域特征、不同发展基础和不同发展趋势的农村基层党组织组织力建设的基本原则、建设路径和保障机制等，是本书研究的重点所在。在建设思路和建设路径方面，力争寻求一条共性与个性、特殊与一般辩证结合的农村基层党组织组织力建设之路更是本书亟待突破的重要部分。另外，本书对中国共产党百年农村党建实践进行了系统梳理，归纳了不同历史时期中国共产党对农村基层党组织组织力建设的具体方略，这也是本书文献研究的重点所在。

2. 本书研究的难点

本书研究的难点主要体现在理论创新、资料收集和实地调研等方面。在理论创新上，本书旨在科学阐释农村基层党组织组织力的本质规定性，这是本书理论创新的难点所在；在新时代党建“5+2”总体布局视域下，围绕农村基层党组织组织力建设的现实维度，实现两者之间的有效“桥接”，探究理论阐释的内在关联之处，也是本书理论突破的难点所在。在资料收集和实地调研方面，受新冠疫情影响，科学选取农村基层党组织组织力建设的共性问题和个性问题相交织的地区、问题最突出的地区、问题固化最严重的地区，成为开展研究的难点之一。另外，在本书构建的整体分析框架之中，将“四重逻辑”作为本书写作的“暗线”，需要选取不同研究资料进行支撑，并且进行一定的关联分析，这也是本书研究的难点。

第四节　研究的方法、创新和不足

一、研究方法

本书综合运用文献研究法、历史研究法和调查研究法等，采用定性分析与定量分析相结合的方式开展研究。

1. 文献研究法

围绕研究主题，笔者系统收集社会经济统计材料、农村基层党组织组织力建设的相关资料、党内的各项相应管理规定和政府文件、工作经验总结等各类资料，系统了解新时代农村基层党组织组织力建设取得的成就以及存在的问题，特别是对《中国共产党章程》《中国农村基层党组织工作条例》、每年中央的“一号文件”，以及各类期刊、专著关于农村基层党组织建设等相关文献材料进行研读。

2. 历史研究法

通过运用历史研究法，笔者对中国共产党领导农村基层党组织建设的百年实践进行系统总结和提炼，梳理中国共产党领导农村基层党组织建设的总体脉络，从而为本书的研究提供了一定的历史启示。

3. 调查研究法

在定性分析的基础上，笔者注重通过问卷调查、个案访谈等方法进行调查研究。问卷调查一方面采取现场发布调查问卷进行资料获取的方式，另一方面采取“问卷星”的网络调研方式委托基层党组织负责人开展相关数据收集；个案访谈主要是现场选择相关党员干部和农民群众进行深入访谈，了解访谈对象对农村基层党组织组织力建设现状的看法。

4. 案例分析法

在具体研究过程中，为了客观分析相关内容，本书选取了相关的案例进行分析。

二、创新和不足

1. 本书的创新之处

（1）在研究方法上有一定的创新。在具体研究过程中，本书注重把时代需要、时代背景与基层党组织组织力建设要求紧密结合，积极拓宽学科研究思路，综合运用文献研究法、历史研究法、问卷调查法、个案访谈法以及案例分析法等开展研究，力争实现理论阐释与实践经验的融合和突破。

（2）在基本理论阐释上有一定的创新。本书针对农村基层党组织组织力的本质规定性、内在维度进行了学理上的探索，并对农村基层党组织组织力建设的理论基础进行了较为细致的归纳梳理；同时围绕新时代农村基层党组织组织力建设的本质内蕴和基本原则进行了剖析总结。

2. 本书的不足之处

（1）调研资料的准确性和全面性问题。由于本书写作过程受新冠疫情影响，部分资料收集只有通过电话访谈、“问卷星”调查或委托调研的方式进行，无法有效获得共性和个性交织的最有代表性区域的第一手资料。因此，相关调研数据和资料的准确性和全面性，和理想状态存在一定的差距。

（2）建设路径的普遍性和针对性问题。本书关于新时代农村基层党组织组织力建设的路径更多是基于共性的角度从普遍性的建设路径上进行探究。找到兼具共性和个性的建设路径本身也很难，这也确系本书还需继续提升的地方。

第一章　新时代农村基层党组织组织力建设的理论阐释

纵观中国共产党的百年奋斗史，中国共产党始终高度重视农村基层党组织的各项建设，始终高度重视农村基层党组织对农村各项建设和发展的坚强领导。中国共产党在领导农村建设的历史进程中，积累了丰富的建设经验。新时代加强农村基层党组织组织力建设，需要科学剖析农村基层党组织组织力建设的丰富内涵，系统梳理马克思主义经典作家和中国共产党人关于基层党组织组织力建设的重要论述，归纳总结农村基层党组织组织力建设的思想渊源，对比分析不同时期马克思主义经典作家和中国共产党人关于农村基层党组织组织力建设的共性和个性，探寻新时代农村基层党组织组织力建设的一般规律，从而为新时代农村基层党组织组织力建设提供理论支撑。

第一节　新时代农村基层党组织组织力建设的内涵分析

一、农村基层党组织组织力建设的相关概念

农村基层党组织是中国共产党对中国社会进行全面领导的“神经末梢”和“重要细胞”，是贯彻落实党中央决策部署的重要阵地，发挥着重要的战斗堡垒作用。

农村基层党组织战斗堡垒作用的发挥是农村基层党组织组织力建设的现实要求。深入研究农村基层党组织组织力建设，首先要明晰“组织力”“政党组织力”“农村基层党组织组织力”等概念的基本内涵、把握其一般特点；其次要深入了解扎根中国大地的中国共产党基层党组织建设的时空场域，深入研究“无产阶级先锋队政党中国共产党组织力的特点，以及在农村社会场域下基层

党组织组织力的鲜明特征"[①]，进而在此基础之上不断推进农村基层党组织组织力建设。

1. 组织力

公共行政学理论提出，"通过设计不同类型的组织结构和过程，可以实现不同价值的极大化，满足不同需求，实现不同目标"[②]。由此可见，组织是基于一定的规则和结构形式，为了一定的具体目标，充分依托内外环境以推动目标实现的一种系统存在。组织力就是这个组织整体能力的对外呈现，"其生成于组织内部要素的有机结合，表现为组织对组织内部和外部的影响、控制、整合和改变的能力"[③]。组织力的形成受制于组织自身内外环境的影响。组织内部具有权威"领导"的存在，形成了明确的组织目标，组织内部能够民主地沟通，并且能够有包容性地吸纳组织外部的各项"营养"，这样就能最大限度地增强组织的组织力。组织力形成的关键在于组织的自身；当然，组织力的形成也不能脱离外部环境孤立地发生，外部环境和外部因素也是组织力增强和减弱的客观条件。因此，组织要"眼光向内"，多关注自身的内部要素整合和资源优化，积极接受和吸纳外部环境的各种"碰撞"，实现组织自身内外因素的有机转化和自我汲取，这样才能真正增强组织力。

2. 政党组织力

政党是一种组织，一种区别于社会上其他团体的政治组织。政党客观上指向对公共权力的控制和掌握，是"一定社会集团中有着共同政治意愿的人们自愿结合在一起，以取得政治权力为首要目标的政治组织"[④]。政党组织力的根脉在于政党的整体目标和外在表现，或者说通过一定的组织形式进行社会控制的力量外化和现实呈现。政党组织力"主要包括政党对政党成员、民众和政权进行领导和组织的能力"[⑤]。这里强调的是政党对政党内部、政党架构以及政党自身权力指向的外部群众的能力的综合。政党组织力取决于政党的基层党组织力量的叠加和增强，这就内在地要求政党的基层党组织必须切实贯彻政

---

① 张克兵. 中国共产党农村基层组织组织力研究［D］. 北京：中共中央党校（国家行政学院），2019：26.

② 罗森布鲁姆，克拉夫丘克. 公共行政学：管理、政治和法律的途径：第五版［M］. 张成福，等译. 北京：中国人民大学出版社，2002：151.

③ 张克兵. 中国共产党农村基层组织组织力研究［D］. 北京：中共中央党校（国家行政学院），2019：26.

④ 王长江. 政党政治原理［M］. 北京：中共中央党校出版社，2009：52.

⑤ 张克兵. 中国共产党农村基层组织组织力研究［D］. 北京：中共中央党校（国家行政学院），2019：27.

党的意志，执行政党的决定，实现政党的目标。同时，政党组织力可以由不同层级的政党组织实现，不同层级的政党组织形成一种内在的协同张力和关联力量，这样的政党组织就会产生强大的集体合力。习近平总书记指出，党的力量来自组织，组织能使力量倍增。中国共产党作为一种政治组织，同样具有政党的一般属性。同时，《中国共产党章程》明确指出："中国共产党是中国工人阶级的先锋队，同时是中国人民和中华民族的先锋队，是中国特色社会主义事业的领导核心，代表中国先进生产力的发展要求，代表中国先进文化的前进方向，代表中国最广大人民的根本利益。"这就表明，中国共产党组织力是代表中国最广大人民根本利益的一种政党力量。

3. 农村基层党组织组织力

农村基层党组织是基于特定的时空场域和组织惯性而逐渐建设起来的，是中国共产党全面领导农村经济社会发展的重要基层组织力量。农村基层党组织是中国共产党组织体系中的关键基础，承担着"宣传党的主张、贯彻党的决定、领导基层治理、团结动员群众、推动改革发展"的重要任务。农村基层党组织组织力是指基层党组织在农村的特定场域中，聚焦农村经济社会发展目标，结合农村具体情况，整合组织内外资源，进行政治引领、文化凝聚、动员号召、服务群众和创新发展的相互影响、相互改变和相互促进的能力。农村基层党组织在组织原则、工作机制、党内教育方法等方面不断加强自身的组织力建设。中国共产党在组织原则上采取的是"纵向到底、横向到边"的组织设置原则、民主集中制的组织工作机制、思想建党的党内教育方法、全心全意为农民服务的组织宗旨等，不断提升管党治党水平，增强党的组织力，实现了对农村党员和社会的有效领导①。农村基层党组织要通过这种组织设置、思想教育和教育培训，不断增强基层党员干部的宗旨意识、服务意识、群众意识和发展本领，不断从各个层面发挥统筹推进和示范引领作用，推动农村经济社会全面发展，充分满足人民群众对美好生活的追求和需要，这是新时代农村基层党组织组织力建设的根本着力点和迫切要求。

二、农村基层党组织组织力建设的现实维度②

对新时代农村基层党组织组织力建设的内涵的分析，需要跳出一般视域下

① 张克兵. 中国共产党农村基层组织组织力研究［D］. 北京：中共中央党校（国家行政学院），2019：29.

② 本节部分观点和内容刊载于：刘渊. 西部农村党组织组织力建设的内涵解析、现实反思与实践进路：基于三个行政村的调研［J］. 探索，2019（6）：120-128.

“简单地从基层党建和党员教育管理角度来认识组织力，把党的组织力局限在党内组织管理层面”①，以及超越简单的基层党组织治理能力提升层面；要站在继续推进新时代党的建设新的伟大工程的逻辑起点上，站在以党的自我革命引领社会革命的历史自觉上，更要站在新时代推进乡村振兴的时空场域上进行农村基层党组织组织力的内涵审视。

新时代农村基层党组织组织力建设的相关研究可以从两个层面来进行解析。从一般层面而言，我们可将农村基层党组织组织力理解为一种引领力、动员力、凝聚力和服务力相交织且整体呈现的“整合力”。从结果上讲，农村基层党组织组织力是“整合力”，体现为农村党员队伍的自我管理和提升，是引领、团结、服务群众的整体能力；从影响上讲，农村基层党组织组织力是引领力，体现农村党组织在不同层面能够发挥的辐射力；从方式上讲，农村基层党组织组织力是一种双向互动力，体现农村党组织在组织内部的凝聚力。从更高层面而言，站在新时代的历史起点上，随着农村基层党组织组织力建设的历史性出场，关于新时代农村基层党组织组织力建设的基本界定，需要科学分析农村的发展现状，充分考虑农村的基层党组织建设总体现状、乡村文化环境、集体经济形势、人力资源水平等农村基层党组织的内外环境因素。具体而言，新时代农村基层党组织的工作目标客观上决定了农村基层党组织组织力建设的现实指向和基本维度。农村基层党组织的工作目标，主要是以三个方面为主：“一是宣传和执行党的路线方针政策，保证党的各项任务在基层贯彻落实到位；二是紧密联系群众，把基层群众紧密有效团结在党的周围，巩固党长期执政的群众基础；三是加强党的自我管理、扩大组织覆盖，永葆党的先进性和纯洁性。”② 总体而言，农村基层党组织组织力建设应该紧密契合当前农村经济社会发展的总体状况和基本要求，紧密围绕农村基层党组织的政治站位、动员激励、文化引领、服务人民和创新发展等方面进行综合研究。

因此，新时代农村基层党组织组织力建设的基本维度有：一是要从研究视角上进行拓展，深刻聚焦农村基层党组织的政治性建设，深刻认知中国共产党的人民属性，充分发挥农村基层党组织的战斗堡垒作用，确保新时代农村基层党组织对农村经济社会发展的全面领导，着力提升新时代农村基层党组织的政治引领力；二是要着力提升当前农村基层党组织内部的党员干部队伍的智识、

---

① 刘红凛. 党的组织力的内外向度与政治意蕴［J］. 当代世界与社会主义，2019（4）：162-169.

② 项久雨，张晓骏. 新时代基层党组织组织力提升与政治功能的实现［J］. 学习与实践，2019（9）：5-12.

精神和能力素养，注重后备干部人才队伍建设，采取有效举措不断加强农村基层党组织的动员能力，从激励保障、机制体制上吸引更多人才留守乡村、助力乡村建设，切实增强农村基层党组织动员群众和发动群众的本领，提升农村基层党组织的社会动员力；三是要从农村不同区域的文化背景出发，把区域特色乡村文化建设与农村基层党组织的凝聚性建设紧密结合起来，通过乡村文化重建，推进新乡贤文化建设、传统文化建设等，促进社会主义核心价值观在广大农村传播，全面提升农村基层党组织的文化凝聚力；四是要从农村基层党组织的服务能力着手，聚焦农村基层党组织的服务性，把地方工作的开展和农民自身的发展紧密结合，始终坚持走群众路线，积极服务群众、帮助群众，全力提升农村基层党组织的群众服务力；五是要从新时代农村经济社会发展的现实需要和乡村振兴的大背景出发，紧密结合农村的具体实际，始终坚持新发展理念，聚焦当地产业发展，以推动地方经济社会和各项事业高质量发展为目标，全力提升农村基层党组织的创新发展力。

简言之，本书认为新时代农村基层党组织组织力建设的基本维度是聚焦基层党组织的政治引领力、社会动员力、文化凝聚力、群众服务力和创新发展力五个层面进行提升，这也是新时代农村基层党组织组织力建设的关键所在。本书之所以将新时代农村基层党组织组织力建设维度界定在政治引领力、社会动员力、文化凝聚力、群众服务力和创新发展力五个层面，是因为当前农村基层党组织组织力建设的现实指向和客观需要。只有切实使农村基层党组织的政治引领力、社会动员力、文化凝聚力、群众服务力、创新发展力持续增强，才能有效发挥新时代农村基层党组织的核心引领作用，进而协力推进新时代乡村全面振兴。

三、农村基层党组织组织力建设的主要构成

本书认为，新时代农村基层党组织组织力建设应该侧重从政治引领力、社会动员力、文化凝聚力、群众服务力和创新发展力五个方面进行思考。实际上，新时代农村基层党组织组织力是一种综合力的呈现，是一种“综合性和系统性的力量”①。这种“力”是对新时代农村基层党组织的政治领导、群众动员、群众服务、文化建设和创新发展的一种综合性要求，归根结底是强调农村基层党组织应该充分发挥“宣传党的主张、贯彻党的决定、领导基层治理、

① 项久雨，张晓骏. 新时代基层党组织组织力提升与政治功能的实现 [J]. 学习与实践，2021 (9)：5-12.

团结动员群众、推动改革发展”战斗堡垒作用的现实功能。

1. 政治引领力

政治引领力是指农村基层党组织履行政治功能，宣传党的主张、贯彻党的决定、执行党的政策，确保党对基层人民群众进行方向引领的素质和能力。习近平总书记在全国组织工作会议中指出：“加强基层党组织建设，要以提升组织力为重点，突出政治功能。”①基层党组织归根结底是一种政治组织，是发挥党的政治功能、履行党的政治责任、承担党的政治使命的“重要细胞”。政治引领性是基层党组织的首要属性，这在客观上要求基层党组织必须在“政治立场、政治方向、政治原则、政治道路上同党中央保持高度一致，要强化‘四个意识’，树立‘四个自信’，做到‘两个维护’，强化责任担当，突出党组织的政治功能”②。基层党组织的政治引领力建设一方面强调把基层党组织打造成坚强战斗堡垒，引导人民群众在“政治立场、政治方向、政治原则、政治道路上同党中央保持高度一致”③；另一方面强调通过基层党组织建设进一步加强“以马克思主义为指导，‘守初心、担使命’，引领人民群众积极投身到新时代中国特色社会主义事业中，增强基层党组织的思想创新力、传播力和引领力”④。基层党组织的政治引领力是基层党组织组织力建设的关键内核，也是加强基层党组织组织力建设的根本所在。

2. 社会动员力

社会动员力是指农村基层党组织为了实现组织目标，满足人民群众的利益诉求，而动员群众的一种能力。动员群众是中国共产党进行新民主主义革命、社会主义革命和建设以及改革开放和社会主义现代化建设的重要法宝，也是新时代中国共产党基层党组织组织力建设的现实要求。中国共产党团结带领中国人民取得了新民主主义革命、社会主义革命和建设等一个又一个的伟大胜利，关键在于能够把人民群众组织起来和发动起来。因此，提升社会动员力仍然是新时代基层党组织推进乡村振兴的重要要求。具体而言，基层党组织社会动员力建设的内在指向是全面了解基层群众的现实需要。马克思指出：“人们奋斗所争取的一切，都同他们的利益有关。”也就是说，基层党组织社会动员力提

① 习近平. 在全国组织工作会议上的讲话 [M]. 北京：人民出版社，2018：13.

② 张克兵. 中国共产党农村基层组织组织力研究 [D]. 北京：中共中央党校（国家行政学院），2019：29.

③ 习近平. 习近平谈治国理政：第三卷 [M]. 北京：外文出版社，2020：49.

④ 项久雨，张晓骏. 新时代基层党组织组织力提升与政治功能的实现 [J]. 学习与实践，20219（9）：5-12.

升需要充分照顾基层各个群体的利益诉求，让集体的发展与群众的发展很好地结合起来，同时要兼顾和协调好不同群体的利益。“一方面要强调人民群众之间在根本利益上的整体性和一致性，另一方面还要承认他们之间在利益上存在冲突和矛盾。”①只有让人民群众在新时代有更多的“获得感”，基层党组织才能有效地动员群众和发动群众，得到人民群众的积极拥护。基层党组织社会动员力建设还需要发挥好“关键群体”的示范引领作用。在市场经济大潮之下，一些农村基层干部本身能力素质出众，但是由于坚守农村，失去了一些积累个人财富和发展事业的机会和平台；相反，一些农民走出了乡村，通过个人打拼，获得了较多的市场奖励。因此，有效激励和积极促进农村基层党组织负责人进一步发挥好示范引领作用不可忽视。动员群众离不开基层党组织战斗堡垒作用的发挥，而基层党组织负责人则是向群众宣传和发动群众，以及提升基层党组织社会动员力的关键。

3. 文化凝聚力

文化凝聚力是农村基层党组织领导和加强农村文化建设，促进社会主义精神文明在农村弘扬和发展，进而助力于新时代乡村文化振兴的能力。加强农村基层党组织的文化凝聚力建设，需要立足于当前农村社会的快速变迁和不同区域农村传统文化的建设状况，紧密结合新时代乡村文化振兴的现实指向，进行统筹分析。唯物史观告诉我们，人民群众是物质财富的创造者，同样也是精神文化财富的创造者。农村基层党组织的文化凝聚力是建立在人民群众的文化需要和文化引领之上的。加强农村基层党组织文化凝聚力主要包括两个部分。一是“中国共产党主导的政治文化，包括以政治思想和政治心理为主的观念性政治文化和以制度规范为主的实体性政治文化”②。也就是要加强党的意识形态建设，确保农村基层党组织的文化引领方向，特别是以农村基层党组织为载体和阵地，引导农村广大党员干部进一步“坚定中国特色社会主义道路自信、理论自信、制度自信，说到底是要坚定文化自信。文化自信是更基本、更深沉、更持久的力量”③。要从文化根脉上进一步夯实基层党组织对农村文化建设的辐射引领和把关定向的基础，不断加强农村社会主义核心价值观建设等。二是基层党组织要把社会主义文化建设要求与农村文化建设和农村文化产业发展、农村文化事业发展统一起来。农村基层党组织文化凝聚力建设本身也是一

---

① 孟鑫. 马克思主义利益观在新时代的指导意义［J］. 人民论坛，2018（9）：99-101.

② 张克兵. 中国共产党农村基层组织组织力研究［D］. 北京：中共中央党校（国家行政学院），2019：31.

③ 习近平. 习近平谈治国理政：第二卷［M］. 北京：外文出版社，2017：339.

种人心凝聚工程。农村基层党组织要对社会主义文化与本地优秀传统文化进行整合和嫁接，通过加强农村基层党组织的文化凝聚力建设，促进农村进一步凝心聚力，进而找到广大农民群体乡村振兴的文化依附和精神旨归。

4. 群众服务力

群众服务力是指农村基层党组织坚持以人民群众的根本利益为导向，坚持走群众路线，全方位关心和帮助人民群众的能力。群众服务力是农村基层党组织组织力建设的现实指针，代表着农村基层党组织组织力建设的根本要求。加强农村基层党组织的群众服务力是由中国共产党的本质属性决定的。在中国共产党领导的社会主义中国，党性和人民性是一致的，中国共产党代表的就是广大人民群众的根本利益。中国共产党在具备一般政党属性的同时，更加侧重通过基层党组织充分收集人民群众的诉求、充分满足人民群众的需要，把人民群众的利益和诉求综合起来，最后通过党的政策主张表达出来。这就表明，中国共产党作为政党的本质属性决定了其全心全意为人民服务的内在追求。加强农村基层党组织的群众服务力，一方面是强调从主体意识上要坚持走群众路线，从人民群众中来、到人民群众中去，“群众路线理念指导下的群众工作是党的基层组织建设的重要实现路径”①。通过坚持群众路线，把满足人民群众的正当利益诉求作为基层党组织群众服务力建设的基本路径。另一方面，农村基层党组织的群众服务力建设内在地指向农村的党员干部服务群众和帮助群众的能力提升问题。这就是说，农村基层党组织需要带领农村党员干部进一步增强调查研究的能力，“使领导工作人员有足够的时间深入群众，善于运用调查研究的方法，研究群众的情况、经验和意见”②。

5. 创新发展力

创新发展力是指农村基层党组织立足于本地实际，坚持以新发展理念为指引，推动地方经济社会和各项事业高质量发展的能力。创新发展力是农村基层党组织组织力建设的重要保障。离开了创新发展力，农村基层党组织的各项功能的发挥就会受到一定的制约，无法有效地实现农村基层党组织的价值功能。只有通过创新发展，充分展现出农村基层党组织领导农村经济社会发展的能力素养，充分满足人民群众对美好生活需要的现实要求，才能进一步增强党在人民群众的政治引领、文化凝聚、动员号召方面的能力。加强农村基层党组织的创新发展力，首先需要充分贯彻落实新发展理念，及时转变陈旧观念、破除思

---

① 王向阳. 当前留守型农村基层党建的困境与出路：基于湖北 F 村基层党建实践的考察[J]. 社会主义研究，2018（6）：109-115.

② 李忠杰. 党章内外的故事［M］. 北京：中共党史出版社，2017：89.

想束缚，不断促进农村党员干部群体的知识能力素养全面提升。其次，需要进一步加强对农村基层党组织负责人的激励和保护，并且在一定程度上给农村基层党组织负责人以及牵头进行改革尝试的农村党员干部以政策“兜底”，消除农村基层党组织负责人及农村党员干部的相关顾虑，放手进行农村各项发展的改革创新。最后，发挥农村基层党组织的创新发展力，关键要落脚到集体经济的发展上去。农村基层党组织要落实有效整合社会资源、壮大集体经济、加强经济建设等方面。“讲发展，必须以经济建设为中心，物质文明既是政党执政资源的重要部分，也是政党执政能力的一个基本标志。”①农村基层党组织的创新发展力是确保党的各项功能得以有效发挥的基础性能力，具有十分重要的现实价值。

四、农村基层党组织组织力建设的逻辑生成

新时代农村基层党组织组织力建设的历史性出场，客观上有着其内在的生成逻辑。农村基层党组织组织力建设发端于中国特色社会主义的本质规定性。从理论逻辑来看，农村基层党组织组织力建设是中国特色社会主义的本质要求；从历史逻辑来看，中国共产党百年奋斗的历史表明，中国共产党始终重视农村基层党组织建设；从现实逻辑和实践逻辑来看，加强农村基层党组织组织力建设是推进乡村振兴和实现农业农村现代化的现实需要。

1. 理论逻辑：加强农村基层党组织组织力建设是中国特色社会主义的本质要求

习近平总书记指出：“我们党始终强调，中国特色社会主义，既坚持了科学社会主义基本原则，又根据时代条件赋予其鲜明的中国特色。这就是说，中国特色社会主义是社会主义，不是别的什么主义。”② 由此可见，中国特色社会主义既包含了科学社会主义的本质规定，又深刻融入了中国的具体实际和文化传统。中国特色社会主义的内在规定性客观上要求农村基层党组织组织力建设具有人民属性和服务意识。农村基层党组织作为中国共产党直接为人民服务的“神经末梢”，具体承担完成农村基层治理的“最后一公里”的工作，具有极为重要的现实地位。

新时代农村基层党组织需要传承马克思主义政党内蕴的优秀特质，并且积极结合实际情况领导农村的全面建设。马克思主义政党的特质之一就是严密的

---

① 王韶兴. 政党政治论［M］. 山东：山东人民出版社，2011：142.

② 中共中央文献研究室. 十八大以来重要文献选编：上［M］. 北京：中央文献出版社，2014：109.

组织性。马克思主义政党的本质要求是：在反对资产阶级统治的斗争中，无产阶级只有组织起来形成一个政党，才能从“自在阶级”转变成“自为阶级”①。马克思、恩格斯重视基层党组织的建设，强调基层党组织需要严密地组织起来，并且在具体工作中要密切联系群众，积极发动群众，强化宣传引领。列宁也非常重视组织群众、发动群众，认为“组织起来的无产阶级就无所不能”②。列宁提出加强基层党组织队伍建设、提升领导力等主张。因而马克思主义政党从建立之日起就有提升组织力的必然要求和历史使命。

加强新时代农村基层党组织组织力建设是发挥中国特色社会主义制度优势的内生要求。社会主义的本质是解放生产力，发展生产力，消灭剥削、消除两极分化，最终达到共同富裕。在脱贫攻坚成果巩固期和乡村振兴发力期的“衔接关键期”，农村基层党组织承担着巩固脱贫攻坚成果、建立解决相对贫困长效机制的关键任务，切实担负着领导广大农民实现乡村全面振兴的重要使命。具体而言，在乡村振兴视域下，农村基层党组织需要立足于新发展阶段，坚持新发展理念，紧密结合各地农村具体现实，积极构建农村自身建设的新发展格局。在政治引领上，农村基层党组织要充分加强政治建设，强化政治功能，真正建设成为具有政治引领力的战斗堡垒；在动员激励上，农村基层党组织要注重农民自身发展、农民自身利益和集体发展之间的内在统一，积极探索集体经济建设新路径，寻求农村基层党组织动员激励的物质载体建设；在文化凝聚上，农村基层党组织要通过举办“文化下乡”，建设“农家书屋”等方式真正把乡村文化建设落到实处；在服务群众方面，农村基层党组织要紧密结合所在乡村的具体实际，针对性地开展调查研究和送温暖活动等，切实体现出基层党组织的关怀。这些都是农村基层党组织组织力建设的现实载体和具体指向，也是中国特色社会主义制度优势的本质内蕴。

2. 历史逻辑：加强农村基层党组织组织力建设是中国共产党历史经验的科学总结

中国共产党在不同的历史时期始终高度重视农村基层党组织组织力建设。在新民主主义革命时期，中国共产党就多次强调加强基层党组织的组织力建设。1921 年 8 月，中国劳动组合书记部成立。《中国劳动组合书记部宣言》明确提出，劳动者、无产阶级，如果没有自己的组织，就无法团结起来，无法进行反抗。“我们只有把一个产业底下的劳动者，不分地域，不分男女老少，都

① 郑琦，陶周颖. 提升基层党组织组织力的内在逻辑及实践路径 [J]. 马克思主义研究，2020 (1)：107-114.

② 列宁. 列宁全集：第十四卷 [M]. 北京：人民出版社，2017：121.

组织起来，做成一个产业组合。因为这样一个团体才能算是一个有力的团体，要这样的组织法，劳动者才能用他们的组织力，做奋斗事业，谋改良他们的地位呢。”[①]在后来的抗日战争时期，毛泽东在《论持久战》中提出要把民众组织起来，从而找到了赢得战争胜利的“伟力”[②]。在社会主义革命和建设时期，特别是在对农业的社会主义改造期间，农村基层党组织充分发挥了战斗堡垒作用，有效地宣传并动员了群众，显示了良好的政治引领和服务群众的能力；中国共产党通过在社会各个层面建立基层党组织，把社会凝聚为一个整体，以最大限度巩固执政基础。在改革开放和社会主义现代化建设新时期，面对新形势下农村经济社会的迅速变迁，农村建设经历了家庭联产承包责任制的完善、社会主义市场经济体制的确立以及新农村建设等实践，农村基层党组织通过加强组织力建设，切实增强了自身凝聚群众、服务群众的能力，有效领导了农村各项建设事业。进入中国特色社会主义新时代之后，农村基层党组织面临着全新的挑战，既有脱贫攻坚的考验，也有全面建成小康社会和实现乡村振兴的现实要求，还有在新的历史条件下社会急剧变迁导致的各种现实问题。农村基层党组织面临的形势较之于以前更为严峻和复杂，更加需要进一步加强基层党组织组织力建设。为此，中国共产党于 2019 年年初印发了《中国共产党农村基层组织工作条例》，这为新时代加强农村基层党组织建设提供了基本遵循。

3. 现实逻辑：加强农村基层党组织组织力建设是新时代推进乡村振兴的现实需要

从现实逻辑而言，加强农村基层党组织组织力建设是新时代推进乡村振兴的题中之义。乡村振兴本身包含了组织振兴，组织振兴是乡村振兴的坚强保障；没有组织振兴的坚强保障就没有乡村振兴的全面实现。

具体而言，加强农村基层党组织组织力建设可以有效促进新时代乡村全面振兴。一是加强农村基层党组织的政治引领力建设可以为新时代乡村振兴把关定向。新时代乡村振兴是全面的振兴，归根结底是人民群众对美好生活的现实需要。始终坚持以人民为中心是我们党开展农村工作的根本指向。党的十九大报告指出，“中国特色社会主义进入新时代，我国社会主要矛盾已经转化为人民日益增长的美好生活需要和不平衡不充分的发展之间的矛盾”，要坚持以人

---

① 中共中央文献研究室，中央档案馆．建党以来重要文献选编（1921—1949）：第一册［M］．北京：中央文献出版社，2011：46.

② 毛泽东．毛泽东选集：第二卷［M］．北京：人民出版社，1991：511.

民为中心的发展思想，要始终“把人民对美好生活的向往作为奋斗目标”①。这不仅是中国共产党宗旨的生动体现，也是马克思主义群众观的鲜明体现。因此，乡村振兴的根本指向就是满足人民群众对美好生活的需要，加强农村基层党组织政治引领力建设能始终确保乡村振兴的正确方向。二是加强农村基层党组织的社会动员力建设能够为新时代乡村振兴提供资源有效整合的助力。新时代乡村振兴需要充分发挥基层党组织治理能力，充分发挥基层党组织的核心引领作用，有效整合多方利益主体，实现资源配置最优。无论是人力资源、自然资源还是其他社会资源等的配置，都需要在农村基层党组织的统筹协调和动员号召下进行。农村基层党组织的动员号召，再加上农村基层党组织在基层治理中的权威性，必定有助于乡村振兴中的产业发展、人才培养等。三是加强农村基层党组织的文化凝聚力建设可以为新时代乡村的文化振兴提供载体和平台。当前部分农村的乡村文化建设未能实现有效突破，部分农村仍然没有跳出乡村文化建设的传统路径和传统模式。加强农村基层党组织的文化凝聚力客观上需要农村基层党组织紧密结合本地文化建设实际和文化特色，积极创新乡村文化建设模式和路径等，搭建乡村文化建设的载体和平台。四是加强农村基层党组织的群众服务力能为乡村振兴提供群众基础。乡村振兴不能是基层党组织的“独唱”，需要农村基层党组织与广大农民“合唱”和“共舞”。只有通过建设服务型基层党组织，坚持走群众路线，真正动员群众、服务群众以及解决群众的具体问题，帮助农民群众谋求自身发展路径，乡村振兴才能避免“乡村不动”，从而实现乡村振兴的“大合奏”。毛泽东指出：“解决群众的穿衣问题，吃饭问题，住房问题，柴米油盐问题，疾病卫生问题，婚姻问题。总之，一切群众的实际生活问题，都是我们应当注意的问题。假如我们对这些问题注意了，解决了，满足了群众的需要，我们就真正成了群众生活的组织者，群众就会真正围绕在我们的周围，热烈地拥护我们。”② 这段话同样可以作为新时代加强农村基层党组织的群众服务力建设的重要性问题的明确回答。

简言之，加强农村基层党组织组织力建设是新时代推进乡村振兴的内在要求。通过切实可行的路径加强农村基层党组织组织力建设，新时代乡村振兴才有了组织保证和首要前提。“火车跑得快，全靠车头带。”因此，在全面推进乡村振兴的工作中，农村基层党组织组织力建设是重中之重和关键所在。

---

① 习近平. 决胜全面建成小康社会 夺取新时代中国特色社会主义伟大胜利：在中国共产党第十九次全国代表大会上的报告［N］. 人民日报，2017-10-28（1）.

② 毛泽东. 毛泽东选集：第一卷［M］. 北京：人民出版社，1991：136.

第二节　新时代农村基层党组织组织力建设的思想源流

中国共产党领导农村建设的百年历程就是把马克思主义关于基层党建的思想与中国农村的实际情况紧密结合和生动实践的过程。因此，研究新时代农村基层党组织组织力建设需要总结梳理马克思、恩格斯、列宁等马克思主义经典作家的关于基层党建的思想、毛泽东思想以及中国特色社会主义理论体系中的一系列关于基层党组织组织力的论述。此外，国外学者关于企业组织和政党组织方面的相关理论也为本书的研究提供了一定的理论借鉴。

一、马克思主义经典作家关于基层党组织组织力的论述

根据马克思主义经典作家的著作可知，马克思主义经典作家虽然没有对基层党组织组织力进行过直接论述，但从马克思主义经典作家关于基层党组织的重要论述中可以窥见其对基层党组织组织力建设的一些鲜明观点。

1. 马克思、恩格斯关于基层党组织组织力方面的论述

通过文献分析发现，马克思、恩格斯特别重视基层党组织建设，并对基层党组织的组织力提出了基本要求①。马克思、恩格斯从理论上对国际共产主义运动进行了科学阐释，撰写了大量指导国际共产主义运动的纲领性文献，积极投身于革命实践之中。马克思、恩格斯领导了共产主义者同盟的建立，经历了第一国际到第二国际的变化，马克思、恩格斯对基层党组织建设的认识不断深化，主要体现于以下三个方面：一是强调基层党组织必须具有严密的组织纪律性。马克思在《共产主义者同盟章程》中对基层党支部的地位和作用做出了规定。在共产主义者同盟中，当时“同盟的支部就是党的基层党组织”②，马克思同时对“同盟”的组织纪律、组织地位和作用做了明确规定。马克思、恩格斯认为共产主义者同盟应该谋求建立“独立工人政党组织，并且应该使自己的每一个支部都成为工人协会的中心和核心”③。针对第一国际的工人协会支部、各小组和委员会和第二国际的各国无产阶级政党等，马克思和恩格斯敏锐地提出了党的组织要求、纪律要求和工作方法等。二是强调基层党组织的

---

① 陈家刚. 基层党组织组织力建设：实践价值与提升路径［J］. 学海，2021（6）：24-31.

② 高振岗. 新时代党的基层组织提升组织力的理论探源与实践路向［J］. 探索，2018（2）：101-106.

③ 马克思，恩格斯. 马克思恩格斯选集：第一卷［M］. 北京：人民出版社，2012：558.

目标任务和人民属性。在《共产党宣言》中，马克思、恩格斯就提出了共产党的性质、作用、任务和奋斗目标，指出共产党人“没有任何同整个无产阶级的利益不同的利益”，“始终代表整个运动的利益”①。也就是说，共产党人要始终代表人民群众的利益。在第二国际后期，恩格斯发现一些领导人思想退化、脱离群众，随即强调要相信群众、依靠群众。马克思、恩格斯提出基层党组织要明确自身的目标任务。“工人的一个成功因素就是他们的人数；但是只有当工人通过组织而联合起来并获得知识的指导时，人数才能起举足轻重的作用。”② 也就是说，只有将工人组织起来，用科学的理论加以指导，规模效应才会产生强大的政治社会力量③。三是基层党组织和党员要发挥模范带头作用。在马克思、恩格斯看来，共产党人是工人群体中最有觉悟和最优秀的群体，这部分群体在斗争中也是最坚决、最彻底地推动社会进步的先进分子。“在实践方面，共产党人是各国工人政党中最坚决的、始终起推动作用的部分；在理论方面，他们胜过其余无产阶级群众的地方在于他们了解无产阶级运动的条件、进程和一般结果。”④由此表明，马克思、恩格斯在《共产党宣言》的论述中特别强调了共产党人的“特殊性”和“示范性”。

以上马克思、恩格斯的系列论述表明，马克思、恩格斯都十分重视基层党组织建设。他们的理论思考是党的建设理论的重要根基，具有重要的指导意义。

2. 列宁关于基层党组织组织力方面的论述

列宁在基层党组织建设方面做出了较多研究，针对基层党组织的定位、组织体系建设、基层党组织与群众之间的关系、如何建设基层党组织等均有深刻的论述。列宁根据俄国的实际，创立了第一个马克思主义执政党——布尔什维克党，形成了内容丰富的基层党组织建设思想。其具体思想如下：第一，关于基层党组织的功能定位，提出组织的重要性。列宁认为，党只有真正组织起来，才会有统一的党的意志，“无产阶级在争取政权的斗争中，除了组织，没有别的武器”⑤；列宁十分重视组织的力量，“工人阶级的力量在于组织。不组织群众，无产阶级就一事无成。组织起来的无产阶级就无所不能”⑥。第二，

① 马克思，恩格斯. 马克思恩格斯选集：第一卷［M］. 北京：人民出版社，2012：413.

② 马克思，恩格斯. 马克思恩格斯选集：第三卷［M］. 北京：人民出版社，2012：10.

③ 陈家刚. 基层党组织组织力建设：实践价值与提升路径［J］. 学海，2021（6）：24-31.

④ 马克思，恩格斯. 马克思恩格斯选集：第一卷［M］. 北京：人民出版社，2012：413.

⑤ 列宁. 列宁全集：第八卷［M］. 北京：人民出版社，2017：415.

⑥ 列宁. 列宁全集：第十四卷［M］. 北京：人民出版社，2017：121.

关于基层党组织的作用发挥，需要从根本上提升基层党组织组织力。列宁认为，基层党组织需要充分发挥组织的作用，他主张实现民主集中制。列宁提出，“为了保证党的工作集中化，还需要有组织上的统一”①。“如果没有正式规定的党章，没有少数服从多数，没有部分服从整体，那是不可想象的。”②列宁提出发挥党组织的力量，需要紧密联系群众，积极带动影响群众，加强党员同群众之间的联系。列宁提出，无产阶级政党是“能够经常同群众保持真正的联系的党，善于领导这些群众的党”③。第三，重视并加强基层党组织队伍建设。列宁提出，“多吸收群众中新的工作者入党，使他们独立参加建设新生活的工作”④。列宁在新党员的发展和使用方面提出，“我们现在应该关心怎样正确地使用新党员”⑤。列宁也很重视在部队中成立共产党支部，通过建设支部加强基层党组织建设。

通过梳理列宁的基层党组织建设理论，我们可以发现列宁的基层党组织建设理论更加鲜明地体现出了理论思考和实践工作的有机结合。列宁的基层党组织建设理论对新时代加强农村基层党组织的政治性、组织性、引领性和群众性等各个方面的建设均有积极的参考价值。

二、中国共产党人关于基层党组织组织力的论述

中国共产党一经成立，就投身到了波澜壮阔的伟大革命实践之中。在中国共产党百年奋斗历程中，面对不同历史时期不同的“时代主题、理论命题和实践问题”⑥，中国共产党凝聚全党智慧，不断开拓奋进，取得了一个又一个伟大胜利。尽管“由于时代主题和中心任务不同，在不同的历史时期，中国共产党对于基层党组织组织力建设的思考和认识在重点、维度、路径等方面存在着显著的差异”⑦，但是，在不同革命时期，中国共产党人的基层党建思想仍然体现出了个性和共性的良好统一，并且存在着始终贯穿于中国共产党百年基层党建实践的本质规律和基本特征。

1. 毛泽东关于基层党组织组织力建设方面的论述

毛泽东及早期的中国共产党人十分重视基层党组织建设，多次提到基层党

---

① 列宁. 列宁全集：第八卷［M］. 北京：人民出版社，2017：387.
② 列宁. 列宁全集：第八卷［M］. 北京：人民出版社，2017：387.
③ 列宁. 列宁全集：第三十九卷［M］. 北京：人民出版社，2017：228.
④ 列宁. 列宁全集：第三十七卷［M］. 北京：人民出版社，2017：219
⑤ 列宁. 列宁全集：第三十七卷［M］. 北京：人民出版社，2017：232.
⑥ 陈家刚. 基层党组织组织力建设：实践价值与提升路径［J］. 学海，2021（6）：24-31.
⑦ 陈家刚. 基层党组织组织力建设：实践价值与提升路径［J］. 学海，2021（6）：24-31.

组织组织力建设问题。毛泽东就基层党组织组织力和农村基层党组织建设提出了很多重要论述。毛泽东在 1929 年 4 月 5 日《红军第四军前委给中央的信》中提出，“我党的战斗力组织力虽然弱到如中央所言，但在反革命潮流逐渐低落形势之下，恢复一定很快，党内干部分子的消极态度也会迅速地消灭，群众是一定倾向我们的”①。由此可见，毛泽东对基层党组织组织力建设充满了信心。针对农村基层党组织组织力建设，毛泽东提出了以下观点：一是提出“支部建在连上”②的重要论断，重视党小组建设。毛泽东提出，要实现“连有支部，班有小组”③，在农村组建村党支部，明确基层党组织建设具有社会基层组织的战斗堡垒作用。这些论述表明，毛泽东高度重视加强基层党组织的思想建设、组织建设和作风建设，这是党提升基层党组织组织力的最初实践④。二是重视农村党员的思想建设问题。在井冈山时期，毛泽东明确提出要加强农村基层党员的思想建设问题。在《井冈山的斗争》中，毛泽东明确指出，“边界各县的党，几乎完全是农民成分的党，若不给以无产阶级的思想领导，其趋向是会要错误的”⑤。毛泽东非常重视对农民的非无产阶级思想进行纠正。三是强调党的农村基层组织在工作中要结合实际。毛泽东提出，要“使党员注意社会经济的调查和研究，由此来决定斗争的策略和工作的方法”⑥。毛泽东在《反对本本主义》一文中明确提出，“马克思主义的‘本本’是要学习的，但是必须同我国的实际情况相结合”⑦。四是提出基层党组织要密切联系群众，坚持走群众路线。密切联系群众是党的作风建设的重要内容，也是中国共产党不同于其他政党的地方。毛泽东十分重视加强作风建设，要求中国共产党人要始终牢固树立为人民服务的思想，坚持走群众路线。另外，在长期的革命实践中，毛泽东关于基层党组织的建设理论集中体现于党员队伍和干部队伍建设、组织原则和组织建设的基础等方面，这些论述为农村基层党组织组织力建设奠定了坚实的理论基础。

2. 邓小平关于基层党组织组织力建设方面的论述

邓小平作为改革开放的总设计师，他提出了一系列关于基层党组织组织力

① 中央档案馆. 中共中央文件选集：第五册 [M]. 北京：中共中央党校出版社，1990：673.

② 毛泽东. 毛泽东选集：第一卷 [M]. 北京：人民出版社，1991：65.

③ 毛泽东. 毛泽东选集：第一卷 [M]. 北京：人民出版社，1991：65.

④ 陈家刚. 基层党组织组织力建设：实践价值与提升路径 [J]. 学海，2021 (6)：24-31.

⑤ 毛泽东. 毛泽东选集：第一卷 [M]. 北京：人民出版社，1991：77.

⑥ 毛泽东. 毛泽东选集：第一卷 [M]. 北京：人民出版社，1991：92.

⑦ 毛泽东. 毛泽东选集：第一卷 [M]. 北京：人民出版社，1991：111-112.

建设的论述。邓小平紧密结合中国农村经济社会发展的实际情况，提出了一系列关于农村发展的方针政策。邓小平特别强调农村基层党组织要建成和完善家庭联产承包责任制，带领群众走共同富裕道路。他明确提出，党的农村基层组织是团结广大群众前进的核心和战斗堡垒。邓小平的基层党组织建设的相关论述主要侧重以下方面：第一，强调党的基层组织的桥梁纽带作用。邓小平在修改党章的报告中明确指出："党的基层组织是党联系广大群众的基本纽带。"①他同时指出："党是依靠全体党员和全党的各个组织，来联系广大的人民群众的。"② "落实党在农村的一切方针、政策和完成各项工作任务，都必须依靠农村基层党组织，包括党的组织、政权组织、经济组织和群众团体。否则，一切工作都会落空。"③第二，提出农村基层党组织工作要与时俱进，随着经济社会的发展而变化。邓小平认为，党的基层党组织要加强学习，积极适应时代发展的现实需要，积极建设学习型政党。他提出："我们党总是要学，我们共产党人总是要学。"④ 不好好研究党的领导问题，就"坚持不了党的领导，提高不了党的威信"⑤。由此可见，邓小平基层党组织建设思想始终把基层党组织建设与时代发展的需要相结合，要求积极提升农村基层党组织的学习力、示范力和战斗力。第三，提出加强对党员进行教育和管理。他认为，党员的教育合不合格，关乎党的生死存亡，他认为党员教育应该注重"四有"，其中"最强调的，是有理想"⑥。邓小平强调加强党员的管理监督，积极发挥好党员的先锋模范作用。他提出："严格党的支部生活极端重要，没有支部生活就没有战斗力。"⑦ 邓小平的党建思想，内容丰富、逻辑严密，形成了一个比较系统且具有内在关联的理论体系。邓小平关于基层党组织建设的论述对新时代农村基层党组织组织力建设仍然具有很强的指导作用。

3. 江泽民关于基层党组织组织力建设方面的论述

以江泽民同志为核心的党的第三代中央领导集体，面临着中国进一步改革开放和全面发展的时代要求，推出了全面建设小康社会的宏伟目标，提出了大力加强农村基层党组织组织力建设的系列论述。第一，强调农村基层党组织是

---

① 中央档案馆，中共中央文献研究室．中共中央文件选集（1949年10月—1966年5月）：第二十四册［M］．北京：人民出版社，2013：169.

② 邓小平．邓小平文选：第一卷［M］．北京：人民出版社，1994：225.

③ 全国农村工作会议纪要［N］．人民日报，1982-04-06（1）.

④ 邓小平．邓小平文选：第二卷［M］．北京：人民出版社，1994：270.

⑤ 邓小平．邓小平文选：第二卷［M］．北京：人民出版社，1994：271.

⑥ 邓小平．邓小平文选：第三卷［M］．北京：人民出版社，1993：190.

⑦ 邓小平．邓小平文选：第一卷［M］．北京：人民出版社，1994：160.

巩固党的执政基础的重要保证。江泽民指出："党的基层组织是党的全部工作和战斗力的基础。我们早就提出了要防止出现基础不牢、地动山摇的情况。加强党的基层组织建设的工作，必须坚持不懈地抓下去，一刻也不能放松。"①江泽民同时提出："党的基层组织是党的基础，是党的一切工作的落脚点。"②江泽民的这些论述，充分阐明了基层党组织组织力建设要求的内在逻辑。第二，强调农村基层党组织建设的核心和关键。江泽民提出，加强农村基层党组织的凝聚力和号召力，还要注意通过发展集体经济来助推农村基层党组织威信的提升，这个观点对全面推进乡村振兴的当下同样具有积极的指导意义。江泽民提出："村级组织建设的关键是抓好两条，一条是建设一个好支部，一条是发展集体经济，真正做到有人管事、有钱办事。村里没有一点集体经济收入，办一点事就要向群众敛钱，党支部很难有凝聚力和号召力。"③ 第三，提出要健全基层党组织制度建设。江泽民提出："各级党委要坚持党要管党的原则，把从严治党的方针贯彻到党的建设的各项工作中去，坚决改变党内存在的纪律松弛和软弱涣散的现象。"④ 另外，江泽民针对加强农村基层党组织组织力建设方面，还提及了加强农村基层党建的关键是落实责任主体等思想。江泽民关于农村基层党组织组织力建设的论述时至今日依然具有较强的现实意义，特别是加强基层党组织的班子建设、制度建设，强调责任主体以及基层党组织应该发展集体经济等论述，对新时代加强农村基层党组织组织力建设具有积极的参考价值。

4. 胡锦涛关于基层党组织组织力建设方面的论述

党的十六大以来，胡锦涛明确提出了"立党为公，执政为民"的执政理念，深刻阐述了基层党组织的战斗堡垒作用。胡锦涛强调了农村基层党组织建设目标、建设路径和建设内容、建设形式等。总体而言，胡锦涛关于基层党组织组织力建设的论述分为以下几个部分：一是强调党的基层组织要发挥战斗堡垒作用，承担着落实党的各项任务的重要职责。胡锦涛强调了农村基层党组织在农村社会发展中的重要作用。农村基层党组织对于引领基层社会治理、维护好广大农民的权益具有重要的现实功能，胡锦涛强调要积极创新基层党组织工

① 江泽民. 江泽民文选：第三卷 [M]. 北京：人民出版社，2006：18.

② 中共中央文献研究室. 十三大以来重要文献选编：下 [M]. 北京：人民出版社，1993：1656.

③ 江泽民. 江泽民文选：第一卷 [M]. 北京：人民出版社，2006：559.

④ 江泽民. 江泽民文选：第二卷 [M] 北京：人民出版社，2006：47.

作，“构建城乡统筹的基层党建新格局”①。胡锦涛提出，“加强和改进党的基层组织建设，是新时期党的建设新的伟大工程的重要组成部分”②。二是提出农村基层党组织建设的目标是适应农村经济社会发展，成为农村建设的组织保障。胡锦涛提出，“要适应农村改革深化和经济发展，及时调整党组织设置，改进工作方法和活动方式”③。针对基层党组织的组织保障作用的发挥，胡锦涛认为要加强组织建设，整顿组织涣散的村党支部，加强工作能力建设等，同时选拔高素质的基层党组织带头人，具体规定其主要内容和选拔标准；不仅如此，还要加强党员队伍建设，“加大从农村、社区优秀基层干部中考录公务员力度”④，重视党员的先进性教育活动等。三是提出了农村基层党组织建设要立足于新形势下农民增收致富的时代特征，立足于构建和谐社会的现实背景，不断创新改进村级党组织建设的方式方法，提出了“三级联创”活动、“创先争优”活动等，以及逐渐解决村级党组织的工资待遇和社会保障问题等。胡锦涛关于农村基层党组织建设的系列论述紧扣当时经济社会发展现实，具有积极的现实意义。这对新时代加强农村基层党组织组织力建设，积极回应农民诉求，准确把握乡村振兴的大背景下农村基层党组织组织力建设的现实需要和客观实际，进而推动我国农村基层党组织建设的创新性发展具有积极的指导意义。

5. 习近平关于基层党组织组织力建设方面的论述

党的十八大以来，以习近平同志为核心的党中央，在全面从严治党的基础上，进一步丰富和发展了基层党组织建设的系列理论，形成了较为严密和系统的理论体系，并结合乡村振兴等现实问题，对农村基层党组织组织力建设提出了新的要求，直接阐述了基层党组织组织力建设的重要性和现实需要。具体而言：第一，强调基层党组织在农村经济社会发展中的全面领导地位。习近平总书记指出，“党政军民学，东西南北中，党是领导一切的”，要提高党在全部工作中“把方向、谋大局、定政策、促改革的能力和定力”⑤。第二，强调要突出基层党组织的政治功能，加强基层党组织组织力建设。习近平总书记认为

---

① 中共中央文献研究室. 十七大以来重要文献选编：中［M］. 北京：中央文献出版社，2011：156.

② 胡锦涛. 胡锦涛文选：第一卷［M］. 北京：人民出版社，2016：90.

③ 胡锦涛. 胡锦涛文选：第一卷［M］. 北京：人民出版社，2016：300.

④ 中共中央关于加强和改进新形势下党的建设若干重大问题的决定［M］. 北京：人民出版社，2009：29.

⑤ 习近平. 决胜全面建成小康社会 夺取新时代中国特色社会主义伟大胜利：在中国共产党第十九次全国代表大会上的报告［M］. 北京：人民出版社，2017：20.

基层党组织是贯彻党的方针政策、决策部署的基础，有鲜明的政治属性；因此，习近平总书记在党的十九大报告中明确提出："要以提升组织力为重点，突出政治功能，把企业、农村、机关、学校、科研院所、街道社区、社会组织等基层党组织建设成为宣传党的主张、贯彻党的决定、领导基层治理、团结动员群众、推动改革发展的坚强战斗堡垒。"第三，强调加强基层党组织组织力建设的重要性。习近平总书记指出，"必须激活基层党组织，增强基层组织力。"①习近平总书记这里强调的就是基层党组织组织力建设，特别是强调要"激活"基层党组织，其内在意义在于通过加强组织力建设提升基层党组织的生机和活力等。针对进一步加强基层党组织建设，提高基层党组织的政治素质和战斗力等方面，习近平总书记提出"加强党的基层组织建设，关键是从严抓好落实"②。第四，强调加强基层党支部的规范化和制度化建设。党的十八大以来，党中央制定和修订了《中国共产党发展党员实施细则》《关于新形势下严格党内政治生活的若干意见》《中国共产党支部工作条例（试行）》《中国共产党农村基层组织工作条例》等系列基层党组织建设的规范性文件，特别是《中国共产党农村基层组织工作条例》紧密契合农村基层党组织建设现状，具有重要的现实价值。

习近平总书记关于基层党组织组织力建设的系列论述是中国共产党人在不同历史时期关于基层党组织建设的理论与实践相结合的优秀成果的凝练升华，具有十分重要的标识性意义。习近平总书记关于"基层党组织组织力"的科学概括，继承了中国共产党重视基层组织战斗力和功能发挥的传统，深化了中国共产党人对于基层组织建设的历史思考③。习近平总书记关于基层党组织建设的系列论述是立足于新时代的历史场域之下不断加强农村基层党组织建设的时代需要的。

纵观马克思、恩格斯、列宁、毛泽东、邓小平、江泽民、胡锦涛、习近平关于基层党组织建设的思想，这些思想"在基层党组织建设的基本立场、基本观点、基本方法等方面都是一致的，是一个一脉相承的科学体系""同时由于时代背景不同，体现出了时代的烙印，显示出了与时俱进的鲜明特点"④。

① 中共中央党史和文献研究院. 十八大以来重要文献选编：下［M］. 北京：中央文献出版社，2018：179.

② 习近平. 在全国组织工作会议上的讲话［M］. 北京：人民出版社，2018：13.

③ 陈家刚. 基层党组织组织力建设：实践价值与提升路径［J］. 学海，2021（6）：24-31.

④ 康晨. 改革开放以来农村基层党组织建设：以西部地区为例［M］. 北京：社会科学文献出版社，2015：40.

因此，通过梳理马克思主义经典作家和中国共产党人关于基层党组织组织力建设的相关论述，积极探索马克思主义经典作家和中国共产党人关于基层党组织组织力建设的共性和个性的结合方式，深刻把握新时代农村基层党组织组织力建设需要高度重视的关键内容，切实从基层党组织建设的领导核心地位、战斗堡垒作用、人民立场要求、组织保障建设、政治功能发挥、群众桥梁纽带等方面着力加强，总结提炼新时代农村基层党组织组织力建设的成功经验，对于推进新时代农村基层党组织组织力建设具有积极的现实意义。

三、国外基层组织建设的相关理论与实践

1. 国外关于组织建设的理论研究

国外关于组织建设的理论研究经历了不同的发展阶段，不同的发展阶段鲜明地呈现了社会环境变化对组织理论研究的影响，相关理论研究投射了时代发展的不同需要。

国外关于基层组织建设的相关理论研究较为成熟，总体而言国外组织理论可以分为传统组织理论和现代组织理论等。传统组织理论把组织看成高度结构化的封闭系统，现代组织理论则倾向于把组织看成开放的社会技术系统。传统组织理论的代表性人物有马克斯·韦伯，他是西方关于组织理论具有代表性与影响力的人物之一。马克斯·韦伯也被称为“组织理论之父”，他提出了理想的行政组织体系理论。韦伯提出现代的行政组织存在着一种正式的管辖范围的原则，通过规则来确定不同的管辖范围，这种行政体系要求具备一些基本的元素，如目标的确定、分工的明确，指挥的一致性、管理者职业化和对法律法规的遵守等。现代组织理论的代表性人物有彼得·圣吉，他提出的学习型组织理论的相关论述主要在其专著《第五项修炼》中。彼得强调建立学习型组织，他将学习型组织定义为“在这种组织中，人们不断地扩展自己的能力，以创造出他们真正想要的结果”。他强调通过“系统思考、自我超越、分享愿景、团队学习、心智模式”这五个条件共同造就学习型组织。在20世纪末21世纪初，国外也涌现出了开放组织理论，这种组织理论更加重视外在环境对组织建设的影响等，认为组织是文化环境的产物，文化环境对组织的建设和成长具有重要的影响作用等。

国外关于组织理论方面的研究，从马克斯·韦伯、彼得·圣吉，再到后来的管理学家，对组织的看法从高度结构化的封闭系统转变为开放的社会技术系统等，他们对于组织建设与外部环境特别是文化环境的关系，有着丰富的论述，强调组织建设客观上受到社会多元系统的综合影响，不能单一地从组织本

身进行思考。这些论述对新时代农村基层党组织组织力建设具有一定的参考价值。

2. 国外政党关于组织建设的理论与实践

国外政党关于基层组织建设的理论和实践也较为丰富。许多国家的政党为了增强自身党组织的凝聚力、影响力和号召力，同样注重加强基层党组织的建设。国外政党在基层组织建设方面的一些做法如下：第一，重视党员发展，扩大党员的社会覆盖面。国外政党的基层组织注重减少基层建设的“盲区”，通过机制创新拓展党员和支持者队伍，如德国社民党提出建设“网络党”，美国民主党创立了“虚拟基层组织”，打破了时空地域限制，增强了对网民的吸引力。由于当前西方已经步入了后工业社会，“社会结构的日趋碎片化及后物质主义价值观对发达国家带来了广泛而深远的影响，对政党及其基层组织也带来了相当大的冲击”[①]，国外政党对群众的吸引力逐渐减弱。因此，巴西劳工党通过不同的组织发展程序，大力发展其注册党员、内部登记党员和党内积极分子等。第二，充分调动基层党组织和党员积极性，在党内决策时充分考虑基层党组织和党员的作用和提议。德国社民党提出在重大决策前加强党内讨论；创造条件，推动基层党组织开展活动；拨补助金，保证基层党组织有足够的资金开展工作。越南共产党通过颁布《关于制定和实行基层民主制度》等文件，率先在乡坊、行政机关、国有企业三类基层组织中实行基层民主制度，其中央成立了专门的指导小组，以加强对这一工作的指导和监督检查[②]。第三，加强基层党员的素质能力提升。古巴共产党领导非常注重对基层党员干部的理想信念教育，卡斯特罗曾指出，“物质是有限的，不可能应有尽有，但精神生活是无限的”“政治、思想和精神方面的因素在我国依然起着主要和决定性的作用”[③]。另外，印度共产党针对党员的理论学习不足问题，组织党员学习马克思主义基本原理，要求基层党员保持共产党员的生活方式等。第四，注重加强基层党员的作风建设，加强考核管理等。法国共产党、葡萄牙共产党、西班牙共产党等，许多党员自己或家人购买党报等送给基层群众阅读，通过这种自我奉献行为密切联系普通群众等。在考核管理方面，越南共产党要求乡镇一级主

---

① 王秋准，秦德占．组织力提升视角下国外政党的基层组织建设［J］．新视野，2018（6）：25-30.

② 王秋准，秦德占．组织力提升视角下国外政党的基层组织建设［J］．新视野，2018（6）：25-30.

③ 王秋准，秦德占．组织力提升视角下国外政党的基层组织建设［J］．新视野，2018（6）：25-30.

要领导干部每年必须面对群众代表开展自我批评；同时，针对违纪违规的基层党员查处力度较大。

国外政党关于基层党组织建设的一些理论和做法，对我们加强基层党组织组织力建设具有一定的借鉴意义。特别是在创新基层党组织设置形式、进一步增强基层党组织的活力等方面具有一定的参考性；针对基层党员的马克思主义理论学习提升和考核管理、加大基层党员的理想信念教育，以及引入群众代表参加基层党组织的一些活动等方式，可以作为我国新时代农村基层党组织组织力建设的学习借鉴。

第二章　我国农村基层党组织组织力建设的历史考察

作为一种融引领力、动员力、凝聚力、服务力和创新力于一体的整体合力，基层党组织组织力体现出了中国共产党领导农村改革、创新、发展的价值导向。百年来，中国共产党农村基层党组织组织力建设经历了新民主主义革命时期、社会主义革命和建设时期、改革开放和社会主义现代化建设新时期以及中国特色社会主义新时代四个历史时期，其发展也呈现出鲜明的时代特征。整体上来看，中国共产党农村基层组织组织力建设的历程，不仅彰显了党勇于加强自身建设的鲜明特质，同时也蕴含了党对满足农村群体对美好生活追求的价值意蕴。

第一节　新民主主义革命时期农村基层党组织组织力建设

作为从农村开展革命斗争起家的中国共产党，高度重视农村基层党组织的组织力建设，并将其作为推动党自身引领力、动员力、凝聚力、服务力、创新力提升的关键。新民主主义革命时期，中国共产党通过全方位加强农村基层党组织的组织力建设，既实现了自身组织能力的提升，又推动了中国革命进程，为新中国成立奠定了坚实的组织基础。

一、建党初期和大革命时期农村基层党组织组织力建设

基层党组织是中国共产党领导革命的重要载体，承担着引领农村发展、凝聚群众力量、提升革命斗志的重要任务。因此，1921 年中国共产党一经成立，就将基层党组织建设作为重要工作，并通过发展党员、动员群众、服务革命等方式提升其内在组织力。建党初期，中国共产党基层党组织组织力建设主要通过历次党代会的文件予以明确。1922 年中共二大通过的章程，对党员、组织、

会议、纪律、经费等分别予以说明。如在发展党员方面，要求除工人外，须经过地方执行委员会、区执行委员会和中央执行委员会三级审查，方可成为正式党员；在组织建设方面，党小组隶属地方支部，并规定了三级执行委员会的职权、构成及任期；在组织会议方面，规定了各组、各支部、各执行委员会召开会议的频率及要求；在纪律建设方面，以“命令”的形式明确了各级党组织的职责与义务，并对违法乱纪的行为做了处置说明①。可以看出，中国共产党加强基层党组织组织力建设的方式是通过党的各项制度对其予以完善，在建党初期就予以明确说明，突出了中国共产党严密、有序的组织规则。随着党组织的发展与壮大，此后召开的中共四大及中共四届三中全会，就关于如何进一步完善支部建设与组织建设予以了补充说明。如中共四大上提出了要在湖南、湖北、山东等地扩大党的组织，并明确了“支部”为党的基本组织，同时对支部的设置原则、工作任务、工作职责、组织制度及活动方式加以详细说明；此外，为克服支部自身未能充分发挥在社会组织和区域内的核心作用的问题，中国共产党在第三次扩大会议上还提出了“一切工作归支部”的决议，将涉及工青妇等一切与革命相关的工作都纳入支部工作，形成全党内部支部工作一体化的新方式。由此，在组织力建设上，中国共产党逐步将党的基层组织推向全面化，有效地推动了革命进程。当然，该时期由于党成立时间不长，组织建设重点从宏观层面予以呈现，以会议制度的形式予以确认，涵盖全国共产党组织，并未对农村基层党组织进行特殊说明。

随着革命形势的变化以及对党员数量增长的需求，陈独秀提出了“党到农民中去”的号召，由此标志着农村党员数量增加和基层党组织能力得到了进一步的提升。在中国共产党看来，工农党员作为革命的坚强力量，承担着组织、领导和发动革命的重要任务。其中，农民又是中国人口的构成主体，“尤其是广东、广西、湖南、湖北、河南、四川、陕西、江西这些省份，都已经有了农民运动”②，因此，发展党在农村的势力、将党的基础建立在农村支部之上、加强农村基层党组织建设，便成为该时期中国共产党发展党员、建立党组织重点关注的问题。对此，陈独秀还特别拟定了农村党员发展计划，如截至1927年春，粤区（两广）农民及工人党员达一万人，湘区农民及工人党员达

---

① 中共中央文献研究室，中央档案馆. 建党以来重要文献选编（1921—1949）：第一册［M］. 北京：中央文献出版社，2011：164—168.

② 中共中央文献研究室，中央档案馆. 建党以来重要文献选编（1921—1949）：第三册［M］. 北京：中央文献出版社，2011：425.

七千人，鄂区农民及工人党员达四千人，等等[①]。党员发展计划充分体现了组织对新生力量的迫切需求。总体上来看，该时期农村基层党组织建设正处于逐渐发展阶段，这为农村基层党组织的规范建设奠定了基础。

二、土地革命时期农村基层党组织组织力建设

“打土豪，分田地”是土地革命时期中国共产党在农村进行斗争的主要任务，因此，依托党组织进行革命的农村基层组织，也得到了较为广泛的发展，得到了工农群众的一致认可。这进一步彰显了中国共产党在斗争中求生存的强大的内在组织力。

支部是党的组织载体，是贯彻和落实党的方针政策的阵地。土地革命时期，“农村包围城市”成为中国共产党新开辟的革命道路，由此，逐步建立健全较为完善的农村基层组织成为凝聚群众、发动群众开展斗争的重要方式。其中，建立农村党组织为首要任务，“农民广泛的群众组织，完全要靠党在乡村之中有广大的支部组织”[②]。在此背景下，党将建立农村基层党组织作为重要工作予以开展。这一时期的农村基层党组织包括：其一，恢复与重建的农村基层组织。湖南、广东、湖北、江苏、福建、安徽、四川等地农村党组织逐步得以恢复与重建，如在土地革命开始的前三年，在长沙、宁乡、浏阳、平江、湘潭、岳阳等地恢复和建立了四十五个县、市、区委，一大批农村基层党组织得到恢复和重建，使湖南一度成为全国地、县委组织和农村基层组织发展较多的省份之一[③]。其二，中央苏区的农村基层组织。作为全国革命斗争的指挥部和大本营，中央苏区承担着重要的领导职能，因此，发展该地区农村基层组织就成为壮大中央苏区领导力量的关键。据统计，1932 年 3 月底江西省 14 个县共设有 1 089 个乡，建有 998 个党支部，并以村为单位各自建立了党小组[④]。其三，其他根据地建立的基层党组织。除恢复重建及新建中央苏区等地区的基层党组织外，中国共产党根据革命形势，相继建立了川陕革命根据地、湘鄂川黔革命根据地、左右江革命根据地农村基层组织，进一步夯实了党的组织基础。

党员是支部的重要构成，是推动基层组织不断壮大的核心载体。考虑到农

① 中共中央文献研究室，中央档案馆. 建党以来重要文献选编（1921—1949）：第三册［M］. 北京：中央文献出版社，2011：425.

② 中共中央文献研究室，中央档案馆. 建党以来重要文献选编（1921—1949）：第四册［M］. 北京：中央文献出版社，2011：638.

③ 卢先福，龚永爱. 农村基层党建历程［M］. 长沙：湖南师范大学出版社，2011：44.

④ 卢先福，龚永爱. 农村基层党建历程［M］. 长沙：湖南师范大学出版社，2011：60.

村之中当时由特派员或知识分子组成的党部委员会中缺乏农村党员，严重影响党在农村中发挥组织力，中国共产党根据形势，在农村中大力发展党员，促使农村党员成为群众武装政权中强有力的领导核心。据记载，1933 年湘赣苏区有党员三万人，湘鄂赣苏区有党员五万人，赣东北苏区有党员三万人，湘鄂西苏区有党员两万八千七百四十人，鄂豫皖苏区有党员两万人；全国（含白区）党员总数为二十九万八千七百四十人①。党员队伍的扩大，为在乡村开展革命奠定了强大的群众基础。与此同时，面对庞大的农村党员群体，为进一步提高农村党员的整体素质，中国共产党还采取多种措施，如举办支部训练班、干事训练班和党员流动训练班等，加强对农村党员的教育，尤其注重进行马克思列宁主义基本理论教育。这些教育，不仅培养了农村党员投身革命的意志和勇气，而且为党在农村中开展凝聚、动员工作发挥了强有力的作用，促进了农村基层党组织组织力的持续提升。

三、全面抗战时期农村基层党组织组织力建设

抗日战争时期，随着中日矛盾上升为主要矛盾，中国掀起了全民族抗战的高潮。中国共产党农村基层党组织就是在该形势下迅速发展的：一方面，统一战线的形成，使得各类人群形成了强大凝聚力，为党组织的发展提供了充足人力资源；另一方面，中国共产党在抗日民族统一战线中发挥着中流砥柱作用，吸引了更多有志之士加入，为基层党组织注入了新鲜血液，推动了基层党组织的完善与发展。

1938 年，中共中央做出了大量发展党员的决议，“大量的十百倍的发展党员，成为党目前迫切与严重的任务”②。在发展党员过程中，中国共产党坚持以统一战线为重，克服“关门主义”倾向，大胆发展雇农等群体，同时灵活实施“候补期”的规定，即取消雇农的候补期限，压缩贫农候补期为一个月。如此一来，在不违反党章的前提下，农村党员数量得到大幅度提升，为在抗日战争中形成强大的战斗堡垒提供了充足的人力支持。如鲁西北地区经过开展党建活动，农村中普遍建立起党组织，并得到冀鲁豫边区党委的嘉奖，“鲁西北的党员从抗战开始的一二百人，发展为一千多人，‘红五月’时发展为五六千人，到一九三八年七八月间为八九千人，到十一月就约有党员一万人了”③。

---

① 卢先福，龚永爱. 农村基层党建历程［M］. 长沙：湖南师范大学出版社，2011：62.

② 中共中央文献研究室，中央档案馆. 建党以来重要文献选编（1921—1949）：第十五册［M］. 北京：中央文献出版社，2011：186.

③ 本书编写组. 光岳春秋［M］. 济南：山东人民出版社，2014：7.

同时，该地区还以党员为主体，建立农民互助会，大力开展抗日救亡运动等。与鲁西北地区类似，其他根据地农村基层党组织也普遍得到了发展。

与发展党员相配合的则是加强党员的教育与管理。该时期，由于党员数量庞大，对于农村基层组织建设，重点是以马列主义教育为主，明确共产主义理想信念与其他流派思想的区别，对农村党员从思想上加以教育和引导；在行动上，则是要求党员发挥模范先锋作用，配合统一战线的工作需要。毛泽东在关于党的基层组织建设的论述中明确指出，作为共产党员，在抗战中，要树立英勇冲锋的模范；在处理国共关系中，要树立服务于统一战线的模范；在与普通民众的交往中，要树立爱民亲民而非官僚主义的模范；在个人生活中，要树立廉洁自律、大公无私的模范。中国共产党对于党员整体素质的要求，体现了马克思主义政党积极投身革命、坚持人民立场的光辉形象，对于增强全党凝聚力、提升基层党组织的组织力发挥着重要作用。在此期间，中共中央还做出了特别说明，如为巩固党的基层组织，要求停止大量发展党员、进行党员成分审查、强化马列主义教育、加强党的保卫工作、完善党的纪律建设等。在随后的党组织建设中，中共七大还特别就党员的发展、权利、义务等方面做了详细规定，这一切对于提升基层党组织组织力都发挥着强有力的引领作用。总体上来看，该时期属于革命年代基层党组织组织力提升的关键时期，既实现了党员数量的扩大，同时又实现了基层党组织组织成员整体素质的提升。

四、解放战争时期农村基层党组织组织力建设

解放战争时期是中国共产党农村基层党组织快速发展的时期。该时期，抗日战争结束了，国共矛盾日渐升级。中国共产党在与国民党反动政府进行较量的同时，依靠基层党组织的发展，不断扩大和巩固根据地，为解放战争的胜利奠定坚实基础。

大力发展基层党组织，巩固和扩大基层力量。该时期，国民党反动政府不顾国内争取和平的诉求，悍然挑起内战，招致举国反对。中国共产党在东北根据地明确指出，既要同国民党反动政府决战到底，同时又要积极开展根据地的建设，而这一切都要得益于对群众的发动。“随着群众运动的发展，必须吸收在斗争中的积极分子加入我党，并在农村中建立党的堡垒——支部。只要广大的农民发动起来了，并积极参加自卫战争，我们就能建立不可战胜的阵地。”①因此，组织群众、发动群众的根本，就在于在农村建立以支部为典型代表的组

---

① 陈云．陈云文选：第一卷［M］．北京：人民出版社，1995：309.

织，充分发挥农村党支部的战斗堡垒作用，号召、团结、凝聚广大农民团结在党的周围，在东北取得革命的全面胜利。基于此，中共中央决定在东北广大农村地区大力发展党组织，“争取每个村建立人民武装，建立党组织。在六个月到八个月内，必须集中一切力量，把东北群众工作搞起来”①，即以群众组织为依托，以武装斗争为中心，建立政权和党支部。在东北农村建立起全方位的基层党组织，不仅能够提升农民的觉悟，而且对于培养本地干部、巩固基层政权意义重大。可以看出，该时期，中国共产党在东北农村进行的基层党组织建设，以与国民党反动政府开展殊死斗争为背景，重点围绕东北根据地的巩固与完善而开展。整个过程中，基层党组织不仅发挥了组织群众、动员群众、凝聚群众的作用，而且对支部内部也起到了政治引领和服务群众的双重功效，极大地推动了解放区根据地的巩固与完善。

整顿党的基层组织，提升组织水平。中国共产党是一个善于进行组织建设的政党，不仅全力做好党员发展工作，而且高度重视支部建设等工作。该时期，党对组织发展的需求，使得农村基层党组织建设得到了较大的进步，配合革命斗争需要，党员数量大幅增加、支部建设稳步推进，有效地推动了基层党组织建设进程。但基层党组织发展过快，使得党员整体素质不高，已经影响到了农村基层党组织发展的质量。同时为配合该时期土地改革的需要，中共中央决定整顿党的基层组织，提升组织水平。其中，在土改已完成的地区重点进行整顿工作，包括开展批评与自我批评、进行党员教育、健全支部生活方式等；在新解放区则重点进行支部建设工作，多方面增强农村基层党组织的核心凝聚力和引领力。如鲁西南地区在进行整顿工作时，首先举办由农村党员干部组成的为期十五至二十天、共计九期的培训班，以引导成员充分肯定成绩、认识不足、反省错误、自我纠正、明确方向；其次采取党内整顿与群众民主评议相结合的方法，贯彻以思想教育为主，惩前毖后、治病救人的方针，通过划清思想界限，分清党员功过是非，进行整党工作②。总体上来看，该工作的开展，不仅有效地提升了基层党组织的引领力和服务力，而且对于革命与生产发挥着重要的促进作用。

---

① 陈云．陈云文选：第一卷［M］．北京：人民出版社，1995：316.

② 中共山东省委党史研究室．中共山东编年史：第六卷［M］．济南：山东人民出版社，2015：284.

第二节　社会主义革命和建设时期农村基层党组织组织力建设

新中国的成立，标志着中国社会实现转型。对于领导主体而言，中国共产党的重任实现了由领导“革命”到领导“建设”的转变。为推动新中国快速实现全新转型，中国共产党既需要在全国范围内建立起覆盖城乡的基层组织，以组织的力量增强凝聚力、向心力、引领力、动员力和服务力，推动经济的恢复发展和社会的长治久安，又要以基层组织的力量带动整个社会实现全方位的转型和升级。因此，在农村人口占90%的国家中加强基层党组织组织力建设势在必行。

一、新中国成立初期农村基层党组织组织力建设

新中国成立初期，首先要完善农村基层党组织体系建设，提升农村基层党组织的组织力和凝聚力。第一，根据新老解放区党员发展实际，制定党员发展目标。新中国成立前，中国共产党就在广大农村地区建立了大量基层组织，这些基层组织在领导人民进行革命斗争的过程中发挥了组织力和动员力。新中国成立后，党中央认为，新老解放区在党员和党组织数量上存在明显区别，即老解放区由于解放较早，党员数量较多，党组织也因此发展较早；而新解放区党员则相对较少。1950 年 5 月 21 日，《中共中央关于发展和巩固党的组织的指示》中要求，对于老区，“今后的任务不是继续发展，而是如何加强党的教育和调整党的组织问题”①，即将老区党员发展的重点放在质的提升上，不断提升已有党员的素质和觉悟，进一步巩固党的基础，提高党组织的整体水平。对于新区，则是为避免投机分子趁机加入党组织，坚持以土改为首要任务，在土改实践中发掘积极分子，经过历练和锻炼，待土改完成后则适量发展党员，如此一来既可以有效保障土改的顺利进行，同时也可以在斗争中发掘党组织真正需要的人员。截至 1956 年年底，农村党员多达六百七十万人，为党领导农村建设提供了强大的人力支撑。第二，发展农村基层党组织，提升党组织的组织力。新中国成立初期，百废待兴，国民经济的恢复与发展成为首要任务。随着

① 中共中央文献研究室. 建国以来重要文献选编：第一册［M］. 北京：中央文献出版社，2011：210.

经济的恢复与发展，广大农村地区既要完成农业社会主义改造的工作，同时又要在此基础上大力发展农业，以此支撑整个国民经济的发展。因此，在乡村普遍建立党支部、健全党的基层组织，动员和领导广大农民进行社会主义建设就成为不可或缺的任务。截至1953年年底，全国农村二十二万个乡中已有77%的乡建立了党的基层组织，极大地推动了农业社会主义改造和农村发展。此后，为进一步扩大党的基层组织，提高党对农村地区的引领力和动员力，中央要求农村地区行政村建立党支部，尽力实现党对基层农村的全覆盖。截至1956年年底，全国98.8%的乡镇地区建立了党组织，绝大部分行政村建立起了党支部或党小组，这为推动农业的快速发展、确立社会主义制度增强了组织力量。

其次，要开展农村基层党组织整顿工作，提高党组织的建设质量。新中国成立前后，农村基层党组织持续发展壮大，党组织引领、动员、凝聚人民群众投身社会主义革命与建设的能力得到了充分发挥。但农村基层党组织组织力建设仍存在一些问题，亟须得到改进，具体表现在：新老解放区农村基层党组织发展不均衡，老解放区较新解放区更为成熟，使得党组织在领导工作中发展不充分；农村党员多数诞生于革命战争年代，受革命形势影响，其思想觉悟、政治水准、理想信念等方面有所欠缺，整体素质不高；农村基层党组织建设缺乏规范合理的制度，导致整体凝聚力不足、服务力不强、引领力不够；等等。面对这种形势，党中央明确指出要在全国包括农村地区开展大规模的整顿工作，以解决组织中存在的各项问题。其一，整顿不良思想。思想建设是强化党组织引领力的首要条件。各地区重点通过开展思想大讨论，使党员干部认识到自身思想上的不足，并树立起对社会主义革命事业的热爱；配合社会主义改造，进行共产主义理想信念教育；进行党员“八项条件”教育；等等。如河南郾城县在开展思想整顿时就注重对党员干部的思想教育，主要是让党员干部学习党员标准和党的农村政策，进行党的基本知识、群众路线、组织纪律性教育，通过学习联系实际，回忆对比，开展批评和自我批评，克服党员干部的骄傲自满情绪和腐化堕落、强迫命令等错误倾向，提高广大党员的思想觉悟，增强农村党组织的战斗堡垒作用①。其二，开展组织内部整顿。组织整顿的重点在于发现并清除危害党内政治生态的党员，特别是腐化分子和投机分子。如江苏淮阴地区组建整党工作队，按照了解情况、教育登记、审查处理、支部建设四个阶

① 漯河市史志档案办公室. 中国共产党漯河历史纪事（1919—2000）[M]. 北京：中共党史出版社，2001：41.

段开展工作。截至1952年年底，该地区总计完成了213个支部的整党实验工作，超过该地区支部数总和的14%；至1955年春，该地区1 226个应整党支部，完成1 214个，占比99%①。组织整顿的进行，清除了腐化分子和投机分子，纯洁了党组织队伍，提高了农村基层党组织的整体素质，推动了社会主义改造的进行。其三，开展作风整顿。作风整顿事关党组织引领群众进行社会主义改造的活力与积极性，事关党员与群众的血肉联系。各地农村重点从克服官僚主义、命令主义、脱离群众等方面入手，以改进党员和基层党组织工作方法为目标，大规模进行作风整顿。如湖北省利川县和建始县在整党期间进行评功表模，辅以有惩有奖。该地区改选农村基层支部委员会，19.5%的不称职支部书记或支部委员落选，新选举768名党员充实支部，占原有1 583个支部书记、支部委员的48.5%，形成领导农村各项工作的核心②。总体上来看，通过全方位的整顿，该时期农村基层党组织组织力得到了大幅度提升，党员的引领力、凝聚力、向心力有效提高，有力地推动了社会主义改造与建设的开展。

二、全面建设社会主义时期农村基层党组织组织力建设

1956年后，我国进入对社会主义道路的探索时期。该时期发展与挑战并存，既是开始迈入独立探索社会主义道路的阶段，又是遭遇到"大跃进"的曲折阶段。这一时期农村基层党组织也随建设进程得到了长足发展，组织力也得到了相应提升，推动了社会主义事业的顺利进行。

（1）人民公社基层党组织的设置。早在农业合作化时期，中国共产党就提出了关于大规模经营农业、并社的主张。1957年，中组部对农村党的基层组织的形式问题提出了要求。党中央认为，随着农业合作化运动的开展和乡的扩大，乡所承担的任务复杂繁重，且乡的领导干部在个人能力及整体素质上有所不足，长此以往易造成削弱党的领导的危险，因此如何进一步提升农村基层党组织治理水平就成为当时迫切需要解决的问题。对此，党中央认为："农村党的基层组织的层次，一般以建立两层为好。在设立乡党委的地方，社一级只建立支部，不建立总支，只有在党员人数很多，不建立总支确实不便于活动的大社，才在社一级建立总支，总支下面再按生产队建立支部。在乡里的财经、

① 中共淮安市委党史工作办公室. 中共淮安地方史：第二卷（1949—1978）［M］. 北京：中共党史出版社，2011：80.

② 中共恩施自治州委州人民政府史志办公室. 中国共产党湖北省恩施历史（1949—1978）：第二卷［M］. 北京：中共党史出版社，2019：117.

文教单位，也应该根据党员多少，单独或联合建立党的组织。”[①] 党中央关于农村基层党组织的设置，体现了党从农村整体实际出发，将党员及党组织在农村发展中所发挥的引领力、组织力和号召力作为首要考虑条件，既加强了党对农村基层地区的直接领导，又发挥了党组织在农业生产中的引领作用。此后，1962 年党中央对农村基层党组织设置做了进一步规定，指出党委、党支部和党小组都是党在农村的基层组织，发挥着联系群众、凝聚群众、组织群众的重要作用，是农村工作的核心领导力量。党中央对农村基层党组织的定位，充分证明了党对其发挥组织力的肯定与认可。除此之外，为使农村基层党组织更加规范化，党中央就人民公社中党员的数量、党小组的规模等给予了认定，如将“生产大队建立党支部、生产队建立党小组”作为基本的组织规范；在党组织密切联系群众过程中，党组织必须坚持群众路线的工作方法，把对党负责和对群众负责正确地结合起来；要求党组织遇事一定要和群众商量，要把党的政策和主张变成群众自觉自愿的行动，充分体现了党组织的群众服务力。

（2）加强农村党建。20 世纪 60 年代中期，党中央就如何管党抓党做出了三个重要报告[②]，为进一步加强党的建设做出了方向性指引。报告内容重点就提拔新生力量、接收新党员、加强农村党建做了详细说明。在提拔新生力量方面，党中央要求采取“老带新”的培养模式，督促新生力量参加农村基层工作锻炼，以实现领导干部全方位的提升。在接收新党员方面，党中央认为新中国成立以来新发展党员占当地人口比例呈下降趋势，青年党员发展中，“老区农村甚至有不到百分之一的”[③]，甚至在部分基层一线没有党员和党组织。对于农村而言，如果党员未能发展好，则无法发挥党组织在农村的政治引领力、组织动员力和群众服务力，影响基层党组织战斗力的加强，使基层党组织不能带动农村实现新的发展。因此，这些报告就农村发展新党员做出了明确要求：“生产队一般都应当建立起党小组。规模较大的生产队（四十户以上），一般应该有十几个党员；二十户左右的生产队，一般地应该有三五个党员。在比较小的生产队中，也应该注意发展党员，并且建立共青团的组织。”同时报告也提出了党员发展目标：“经过发展，到一九七〇年或者更长一点的时间，农村

---

① 中共中央文献研究室. 建国以来重要文献选编：第十册［M］. 北京：中央文献出版社，2011：20.

② 该三个报告为《关于培养提拔新生力量参加县、地、省领导工作的报告》《关于目前党员的情况和今后六年接收党员意见的报告》《关于加强农村党的建设的三个问题的报告》。

③ 中共中央文献研究室. 建国以来重要文献选编：第二十册［M］. 北京：中央文献出版社，2011：491.

党员可能从目前的一千万人增加到二千五百万人左右；农村党员占农村人口的比例可能从目前的百分之一点七四增加到百分之五左右。”① 党中央关于发展农村新党员的指示，体现了对党组织引领农村发展的殷切期望，更是管党抓党、强化党组织引领力的重要决策。在具体加强农村党建工作方面，报告明确提出了三个必须解决的问题：其一，整好党的问题。从思想层面加强对农村党员的教育，明确好党员的标准；自我革命与群众帮助相结合，共同解决党员问题；结合“四清”运动开展整党；坚持以教育为主，并依据党章党规严肃处理违纪党员。其二，建好农村党支部问题。建好农村党支部必须从作风问题着手，以完善的制度作为保障：建立学习毛主席著作的制度，建立联系群众的制度，建立批评与自我批评的制度等。其三，建立农村整治工作系统。从抓队伍着手，在“四清”运动中从队伍组织上抓思想政治工作。总之，党中央关于加强农村党建的部署，既从党员方面充实了数量、提高了质量，又从组织方面保证了有序运转，是提升农村基层党组织组织力的关键。

三、“文化大革命”时期农村基层党组织组织力建设

“文化大革命”时期，民主与法制受到破坏，国内各个方面都遭到重创。在农村，党的基层组织发展停滞不前，基本处于瘫痪状态，较多党员干部不同程度被撤职甚至受到迫害。这严重影响农村基层党组织组织力的发挥，对农村、农业及全国各领域都产生了负面影响。1975 年，在毛泽东的提议下，邓小平对农村基层党组织进行了全面整顿。党中央针对时势明确了整顿思想，“对党组织从思想上组织上进行一次整顿是十分必要的”②，要重点从抓好领导班子整顿入手，才能有效解决党员和党组织问题。根据邓小平的建议，各基层地区围绕领导班子建设进行了整顿。例如：陕西省榆林市为解决农村基层党支部领导班子的方向道路问题，坚持贯彻“稳定、充实、教育、提高”的方针，集中解决“懒班子、散班子、软班子”的问题，建立健全党支部的民主集中制和“三会一课”制度，发挥党支部集体领导作用；搞好大队革委会、生产队革命领导小组和其他群众组织的整顿，逐步解决“生产队长不是党员”等问题。同时，当地对贫协（贫下中农协会）、共青团、民兵、妇联等群众组织

① 中共中央文献研究室. 建国以来重要文献选编：第二十册［M］. 北京：中央文献出版社，2011：492.

② 胡绳. 中国共产党七十年（1921—1991）［M］. 上海：上海人民出版社，1991：719.

也进行了整顿[①]。该整顿活动对于加强榆林地区党员干部的思想政治教育发挥了重要作用。除此之外，邓小平还认为，对党组织的整顿是全方位的整顿，要逐步纠正“左”倾错误思想，坚持以恢复和发展国民经济为首要目标，这是整顿形势下的“总纲”；要不断加强党的作风建设和纪律建设，反对派性，增强党性，纠正长期以来组织内部存在的混乱状况。可以看出，该时期关于农村基层党组织的建设，整体上是围绕纠正“左”倾错误开展的，在思想上，使党员干部明确了党的路线方针政策，有力地冲击了极左思潮，提高了基层组织中党员干部的政治思想引领力；在组织上，提高了领导干部的整体素质，增强了党员干部的组织力和服务力，有力地促进了农业生产的发展。整体上来看，“文化大革命”时期，党在农村的基层组织处于曲折中发展的状态，既有停滞不前，又有整顿改进。但在党中央的领导下，农村基层党组织在维护农村社会稳定、推动农业经济发展、发挥党员干部的引领力方面起到了有力的促进作用。

第三节　改革开放和社会主义现代化建设新时期农村基层党组织组织力建设

党的十一届三中全会开启了改革开放的序幕。该时期，如何沿着正确轨道建设和发展社会主义，继续探索适合中国发展的社会主义道路成为中国共产党的主要目标。在占全国人口80%的农村地区，基层党组织组织力的发挥直接关系着人民摆脱贫困、实现富裕的速度与效率。因此，围绕农村基层党组织组织力的发挥，党开始了全新的探索与发展。

一、改革开放初期农村基层党组织的调整与发展

（1）农村基层党组织的调整与改进。对于农村而言，新中国成立后，出于恢复和发展国民经济的需要，逐步形成了“政社合一”的人民公社体制。该体制在发展农村经济、保障农村形势稳定、助力工业发展等方面，都发挥了重要作用。但随着该模式的推行，其“过严过死”的弊端也逐渐暴露，影响了农民的生产积极性，束缚了农村的生产。党的十一届三中全会召开后，中国

① 中共榆林市委党史研究室. 中国共产党榆林历史：第二卷（1949—1978）[M]. 西安：陕西人民出版社，2019：328.

掀起了改革开放的浪潮，其中经济领域的改革首先从农村开始。在中央的肯定和部署下，富含“解放思想”“敢于探索”“积极性高”特点的家庭联产承包责任制逐渐成为该时期农村的主要生产责任制形式。家庭联产承包责任制不仅极大地调动了农民的生产积极性，而且解决了农民温饱问题，增加了农民收入，推动了全国农业发展。伴随这种生产责任制的推行，农村中原有的基层组织体系发生了变化，村民委员会作为一种全新的、适应该生产责任制的群众自治形式，成为该时期农村的基层组织。村民委员会模式的推广，得到了中央的高度关注和认可，并被载入宪法。据记载，1983 年我国建立村民委员会约二十万个，至 1985 年村民委员会多达九十四万个。村民委员会的推广也带来了基层管理结构的调整。为适应农村经济体制改革带来的变化、发挥党员和党组织在基层农村中的示范、引领、凝聚作用，更好地带动农村经济体制纵深发展，1986 年党中央对农村基层党支部做了明确说明，就调整和改进农村中党的基层组织设置做了规定，涉及乡镇企业党员组织、跨村乡县经济联合体的党员组织、村办企业或行政村内经济联合体党员组织、城镇个体工商户党员组织、集体外出的党员涉及的党组织以及分散外出的党员涉及的党组织等各个方面①。中央关于农村基层党组织的调整与改进，适应了农村经济体制改革需要，有利于凝聚起农村党员的力量，发挥党员和党组织在农村改革中的示范引领作用，进一步加强党同群众的血肉联系。

（2）农村基层党组织的整顿与提高。受“文化大革命”影响，很长一段时间农村基层党组织呈现出较为涣散的状态，部分党员干部作风粗暴、形式主义严重、严重脱离群众，党组织派性分散、内部凝聚力和外部领导力欠缺，思想、组织、作风等方面问题突出，无法成为引领农村经济社会发展的核心。党的十一届三中全会后虽进行了农村经济体制改革，但由于新体制处于初步探索阶段，基层党组织仍面临重重困境；因此，在新时期整顿农村基层党组织、提高基层党组织的引领力与组织力显得极为迫切。结合实际中出现的问题，根据中央部署，全国农村基层党组织整顿工作重点围绕统一思想、整顿作风、加强纪律、纯洁组织四个方面开展。例如，山东省在整顿形式上主要通过三种方式：一是以乡为单位，采取集中和分散相结合的方法普遍进行整顿，对后进支部，派人重点帮助；二是由县、乡统一组织力量，深入问题多且严重的单位逐一进行整顿；三是在社改乡、队改村的单位，结合农村体制改革进行整顿。山

① 中共中央组织部组织局. 加强农村党的基层组织建设［M］. 上海：上海人民出版社，1986：278.

东省在整顿问题上主要解决四个问题：提高农村基层党组织和党员贯彻党的路线、方针、政策的自觉性，使党支部改变涣散软弱的状态，克服以权谋私等不正之风，提高党员的政治素质。山东省在整顿工作中主要采取四项措施：切实加强领导，统一思想认识；以整党决定为指针，突出思想整顿；从实际出发，边整边改；将整顿工作与其他工作相结合，边整边改。山东省整顿农村基层党组织取得一定成绩。截至 1984 年 3 月底，山东全省共整顿农村党支部 77 258 个，占农村支部总数的 90%。其中整顿了问题多且严重的后进支部 5 822 个，占同类支部的 96%①。类似的支部整顿工作在全国范围内普遍开展。通过整顿，全国农村基层党组织组织力的政治引领力、凝聚力得到了明显提升。此后，围绕农村经济体制改革，为发挥基层党组织在引领、服务群众中的作用，党开展了全方位建设措施，进一步提升了基层党组织的组织力。

二、改革开放深化阶段农村基层党组织组织力建设

随着改革开放进入深化阶段，党的十四大做出了建立社会主义市场经济体制的重大决定，为经济体制改革注入了全新的活力。由此，农村基层党组织建设也随经济体制的改革迈入了新的台阶。党的十四届四中全会对加强党的建设做出了全新规定，其中就农村党建工作做了详细安排。党中央认为，党的基层组织是党的全部工作和战斗力的基础，承担着联系、宣传、组织、团结群众，把党的路线方针政策落实到位的重要责任，尤其是在深化改革的进程中，只有充分依靠基层党组织功能的发挥，才能增强党的凝聚力、动员力、向心力和服务力。为增强农村基层党组织的组织力，党中央对农村基层党组织做了全新要求：其一，加强支部领导班子建设。好的支部书记是推动农村改革发展的排头兵和领路人，是党组织的有力支撑，在农村发展中肩负着组织、动员、凝聚、服务群众的重要职能。只有培养出政治素养过硬、品德素养强的支部书记，才能够真正带动农村致富。其二，制定适合本地实际的发展道路。要结合农村经济体制改革发展大势，带领农村不同经济实体，实现农民增收致富。其三，做好农村群体思想政治工作。提高农村党员思想政治素质，充分发挥其模范先锋作用，带头做好农村发展工作；提高农民的科学文化知识水平和整体素质，用先进知识武装农民的头脑，为农村群体创造文明、进步的思想引领。其四，完善农村基层党组织配套建设。建立健全农村民主监督制度，完善农村法制建

① 中共山东省委党史研究室. 中共山东编年史：第十三卷［M］. 济南：山东人民出版社，2015：545.

设，开展农村支部领导班子整顿工作，增强其引领力、组织力和服务力。党中央关于农村基层党组织的决定，充分体现了党中央对农村发展的高度重视，同时也彰显了农村基层党组织在团结带领农村地区改革与建设过程中发挥的战斗堡垒作用。各地区紧跟党中央的决定，围绕提升农村基层党组织的组织力开展了相关工作。例如，云南省昭通市中寨乡下寨村基层党组织充分发挥战斗堡垒作用，助力地区摆脱贫困旧貌。面对穷乡僻壤的下寨村，作为支部书记的刘廷万带领支部成员，认真调查分析影响该地区发展的水、电、路、群众素质等制约因素，通过自力更生、集体募资、严格管理等措施，全力解决困扰该地发展的各种问题，增强了群众对党支部的信任与认可。“广大党员和全村人民从新一届班子身上真正看到了希望，受到极大的鼓舞，一个个都鼓足干劲，不到两个月，一条长近2公里的高压线接到了村公所，一条长6.5公里的低压线接到了各个社，电线接进了农家，山村有了文明的光亮。灯亮了，群众的心也热了。”① 这充分体现了党支部的凝聚力和战斗力。在此之外，该党支部还注意加强自身建设，“他们调整了支委班子，将一个家务繁重不能较好履行职能的支委调出，并对支委进行了明确分工，使支委班子更加精干。同时在工程建设中，注意发现和培养优秀青年，对他们进行党的知识的教育，使他们积极向党组织靠拢，不断壮大党员队伍”②。该支部通过进行自身班子建设，进一步增强了战斗力。可以看出，该支部作为引领农村发展的典型，以其自身强大的引领力、动员力、凝聚力、服务力，增强了群众对党组织的信任，克服了制约该地区发展的难题，改变了该地区贫穷落后的面貌。该支部是全国农村基层党组织的缩影。

为贯彻落实党的十四届四中全会精神，党中央以通知的形式，就加强农村基层党组织建设做了详细部署。党中央认为，进入改革开放深化阶段，一方面，为实现建立起社会主义市场经济体制和全面建设小康社会的目标，必须有强大的农业作为后盾。农村基层党组织则是保障党的路线方针政策贯彻落实的最关键载体，只有强化农村基层党组织建设，才能提升党组织的组织力，推动农村改革发展稳步进行。因此，有必要大力加强农村基层党组织建设。另一方面，随着改革开放的持续推进，农村基层党组织在党员构成、党员素质、组织设置、组织运转等方面问题突出，已严重影响到农村基层党组织组织力的发

① 昭通地区农村基层组织建设领导组办公室.昭通地区农村基层组织建设资料选编（1995—1997）［Z］.昭通：昭通地区农村基层组织建设领导组办公室，1998：176.

② 昭通地区农村基层组织建设领导组办公室.昭通地区农村基层组织建设资料选编（1995—1997）［Z］.昭通：昭通地区农村基层组织建设领导组办公室，1998：178.

挥。因此，制定有效措施解决其中存在的问题刻不容缓。对此，该通知就加强农村基层党组织建设做了明确要求：其一，以组织的完善增强凝聚力和战斗力。首先要选好支部书记，抓好领导班子建设，形成引领农村发展的核心力量，尤其要注重支部书记综合素质的培养；其次调整基层支部设置。在坚持民主集中制的前提下，根据地区发展实际进行支部配比，如“党支部、村委会、集体经济组织主要领导成员可以适当交叉兼职，保持精干，注重工作效率。经济发展比较快、党员比较多的村，可以酌情成立村党委或村总支”①。再次，加强对农村党员的教育和管理，提升农村党员的综合素质，推动基层党组织提质增效。既要强化对党员的日常教育和管理，又要采取各种奖惩手段进行监督和管理。最后，培养和发展优秀青年党员。严格按照党员发展要求在优秀青年积极分子中发展新党员。其二，健全农村各级组织，促进工作制度化与规范化。要健全村民自治制度，发挥好农村基层群众组织的自我管理、自我教育和自我服务功能；健全集体经济组织，发挥好其基本职能；强化农村群团组织建设，发挥群团组织的凝聚力和向心力；建立治保组织和人民调解组织，保障农村安定有序。其三，加强农村基层干部培养，提高干部整体素质。要加强农村党员干部的培训工作，培养农村骨干力量；制定相关措施，提高农村基层干部的工作积极性；加强思想作风建设，强化党员干部的引领力和服务力。其四，加强乡镇党委和政权建设，提高其履责职能。要提高乡镇党委对工作的重视度，严格落实责任制；制定发展目标，落实考核制度；增强管理和协调职能，推动基础工作提质增效。除此之外，党中央还特别就整顿农村中的软弱瘫痪党支部做了详细规定等。总体上来看，该时期党中央对农村基层党组织的高度重视，体现了党狠抓农村基层党组织发展、狠抓农村经济社会发展的迫切要求。这对于强化农村党建工作，提高农村基层党组织的组织力发挥了重要作用。

三、全面建设小康时期农村基层党组织组织力建设

党的十六大的召开，提出了全面建设小康社会的奋斗目标，标志着农村基层党组织建设开始迈入全新发展阶段。对于中国共产党而言，全面建设小康社会，就是要求政治、经济、文化全面发展，在解放和发展生产力的基础上，不断建设政治文明和精神文明，提升全体人民的生活水平。全面建设小康社会所要求的发展模式在21世纪被赋予了特殊的内涵，也因此对农村基层党组织建

① 中共中央文献研究室．十四大以来重要文献选编：中［M］．北京：人民出版社，1997：1050.

设提出了更高要求。党的十六大明确指出：“党的基层组织是党的全部工作和战斗力的基础，应该成为贯彻‘三个代表’重要思想的组织者、推动者和实践者。”① 这就要求基层党组织充分发挥其模范先锋作用，围绕21世纪工作重心，不断提高组织力、凝聚力和战斗力。对此，党中央指出，要围绕农村基层党组织，完善组织配套设施建设，在建设小康社会的实践进程中推动党员干部受教育、保障农民得实惠，这是加强农村基层党组织建设的基本要求。为贯彻落实党的十六大精神，将“三个代表”重要思想贯彻到农村基层党组织建设中去，党中央围绕农村党建就开展“三级联创”② 做了部署。其中，开展“三级联创”活动必须围绕“发展农村生产力”“发展农村先进文化”和“维护农民根本利益”进行。这也就对农村基层党组织的组织力提出了全新要求，也即从政治引领力上，帮助农村脱贫致富；从思想凝聚力上，推动农村精神文明发展；从服务群众力上，保障农民根本利益。对此，党中央提出实施目标并做了明确要求：其一，领导班子好。以强大的组织力量和组织协调能力，发挥模范带头作用，带领农民脱贫致富。其二，党员干部队伍好。党员整体素质高，基层干部发挥骨干作用，引领农村迈向致富路子。其三，工作机制好。基层党组织能够依靠完善的管理制度和良好的工作规范，做好对农村的服务工作。其四，小康建设业绩好。基层党组织能够发挥其领头作用，引领农村经济发展、带动农民脱贫致富，摆脱农村落后局面。其五，农民群众反映好。基层党组织工作水平、工作能力和服务质量，能够得到农民群众的认可，取得良好的口碑，这是检验基层党组织整体工作的标准。除此之外，党中央还对农村基层党组织建设先进县（市）做了明确规定。可以看出，党中央关于实施目标的提出，是党从农村基层党组织建设整体发展考虑，以提高基层党组织服务质量、推动农村全面发展、保障农民切身利益为根本立足点的。在具体落实中，党中央特别提出了要正确把握“创”与“连”的关系，既要“从本地实际出发，制定创建规划，完善推进措施，建立激励机制，表彰先进，鞭策后进，营造比学赶帮超的良好氛围”，又要“县（市）、乡镇、村三级联动，形成相互衔接、相互促进、环环紧扣、整体提高的工作格局”③。经过“三级联动”活动的实施，全国农村基层党组织建设取得了显著成效，不仅调动了农村基层党组织建

① 中国共产党第十六次全国代表大会文件汇编［M］. 北京：人民出版社，2002：52.

② “三级联创”是指创建“五个好”村党组织、“五个好”乡镇党委和农村基层组织建设先进县（市）。

③ 中共中央组织部组织局. 党的基层组织工作常用文件选编［M］. 北京：党建读物出版社，2007：463.

设的积极性，也提高了农村基层党组织的创造力、凝聚力、服务力和战斗力。例如，河北省全省实现“五个好”目标的村党组织和乡镇党委分别达到总数的45%和50%以上，县（市、区）委总体上达到了中央提出的“五项要求”，全省农村党建工作呈现出新局面①。此后，党中央还特别就如何加强农村党建、如何建设社会主义新农村做了详细部署，这些工作总体上都是围绕农村基层党组织的完善开展，对于加强新时期党的建设、提升农村基层党组织组织力、推动农村和农民发展意义重大。

党的十七大以来，为进一步强化和改进党的建设，着力解决基层党组织中出现的问题，推动全国基层党建实现科学发展，全国各地区着力开展创先争优活动。根据党中央的部署，开展创先争优活动，一要充分发挥基层党组织先锋模范和战斗堡垒作用，增强引领力；二要基层党组织认真贯彻党的路线方针政策，增强组织力；三要基层党组织深入群众，着力解决群众问题，增强服务力；四要优化基层党组织的组织机构，提高党员干部整体素质，增强战斗力。具体工作安排要通过公开承诺、领导点评、群众评议和评选表彰四个层面进行，其中“农村党组织要把创先争优活动与深化农村基层党建工作三级联创活动有机结合起来，认真落实‘一定三有’政策，大力推广‘四议两公开’工作法，通过设岗定责、依岗承诺、‘一强双带’等形式发挥党员作用，大力推进社会主义新农村建设”②。根据部署，全国各地区基层要围绕“创建先进基层党组织”和“争做优秀共产党员”主题实施。例如，甘肃省定西市将农村基层党组织建设与扶贫开发相结合，一手抓村级组织建设，一手抓整村推进项目，走出了一条脱贫致富之路。在具体实施中，该地区把建设一支坚强有力的村干部队伍作为农村基层党组织建设的关键因素，把“生产发展、生活宽裕”作为新农村建设的首要任务，把“乡风文明、村容整洁”作为新农村建设的重要内容，建立健全村党组织领导下的村民自治和各项民主管理制度，充分发挥党组织的战斗堡垒作用和党员的先锋模范作用，着力解决农村经济发展落后、乡风文明滞后、部分基层党组织涣散等问题，在基层党组织建设中取得了质的变化：锻炼了党员干部、帮助农民脱贫致富、改变了村容村貌和陈旧风

---

① 中共河北省委党史研究室. 河北农村改革发展史［M］. 石家庄：河北人民出版社，2018：427.

② 中共中央文献研究室. 十七大以来重要文献选编：中［M］. 北京：中央文献出版社，2011：624.

俗、优化了农村党组织党员结构、推进了基层民主建设等①。从全国范围来看，各地基本上都是从党员整体素质的提升、基层党组织的完善、农村经济的发展、农村文化的进步、农村民主制度的健全、农村社会的稳定等方面实践创先争优活动。创先争优活动的开展，切实增强了党支部书记抓基层党建工作的责任和意识，提高了基层党组织的创造力、凝聚力和战斗力，推动了农村的发展进步。

第四节　中国特色社会主义新时代农村基层党组织组织力建设

党的基层组织是中国共产党开展组织工作的“神经末梢”，承担着贯彻党的方针政策的重要使命。党的十八大以来，为把党建设得更加坚强有力，中国共产党明确提出以“提升组织力为重点”的基层党组织建设，更加突出政治功能在引领农村基层党建中的作用，不断加强和改进农村基层党建，推动农村基层党建转型升级。

一、以建设基层服务型党组织为重点，提升农村基层党组织组织力建设

作为服务型政党，中国共产党始终秉持以人民为中心的发展理念，将服务功能内化到社会治理的各个层面，进而推动全党投身到为人民服务的工作中去。对于基层党组织建设而言，党的十八大报告明确指出，要“加强基层服务型党组织建设”②，这是对基层党组织功能定位的进一步深化，同时也是中国共产党工作思路创新和方式方法转型的必由之路。

2014 年党中央对加强基层服务型党组织做了明确要求，为推动农村党建工作、提升农村基层党组织的组织力建设指明了方向。因此，为进一步加强基层服务型党组织建设，实现农村改革发展转型升级，需要做到：

其一，强化服务功能。强化服务意识、发挥服务功能是中国共产党的本质属性要求，更是农村基层党组织组织力建设的题中之义。因此，要围绕增加农民收入、维护农村社会安定有序、保障农村民主正义、解决农民日常生活难题等做好服务工作，实现功能定位。例如，浙江省建德市为解决农村办事困难的

① 中共甘肃省委创先争优活动领导小组. 创先争优好制度［M］. 兰州：甘肃人民出版社，2012：125.

② 中国共产党第十八次全国代表大会文件汇编［M］. 北京：人民出版社，2012：50.

问题，整合服务资源、党建资源，在全市232个村推行“六事一日工作法”：全年每日坐班办事、每周一日例会理事、每旬一日接访和事、每月一日审账督事、每季一日共商决事、每年一日述职评事，让村里有重点、部门有抓手。当部门工作资源整合后，村一级工作就变得井然有序。办事大厅每天有人值班，想办事随时能找到人；村干部的工作化繁为简，井井有条①。村里的财务纪律得到了规范：每季度开村民党员代表大会，每月审账，每一笔流水账都公开，群众有了监督权②。该措施使基层党组织的服务功能得到充分发挥。

其二，健全组织体系。为进一步完善农村基层党组织体系，在人员构成比例、党组织机构设置上进行完善创新。例如，山东省诸城市在推动农村社区化发展过程中，初步构建了以农村社区为平台、以社区党委（党总支）为统领、以服务社区居民为基本价值取向的农村服务型党组织体系③。按照两千米服务半径，把五个左右的村庄和相关单位规划建设为一个农村社区，以社区为单元重新构建农村基层党组织，选举产生208个农村社区党委（党总支）；打破村庄界限，设置种养业、农民专业合作组织、个体工商业、社会事业发展、调解维稳、老党员和社区服务中心等服务型党支部1 296个④。如此一来，就保障了农村基层党组织的服务效率和服务质量，能够在最短时间内解决农民的问题。

其三，建设骨干队伍。得力的党员干部是农村实现全面发展的领头人，在带领农民致富、提升农民生活水平方面发挥着不可或缺的作用。因此，在农村基层党组织组织力建设中，要把选拔、培养、管理、监督农村党员干部作为工作的重中之重，全方位增强农村骨干力量，确保服务型党组织功能的发挥。例如，吉林省农安县为提高村党支部书记队伍的素质，“采取集中培训和参观考察相结合、座谈讨论和经验交流相结合、学习理论与实践锻炼相结合等形式，培育课程包括党的基本知识、基本理论、基本路线教育，组织领导能力、经济管理与决策、农村政策法规等方方面面的教育”⑤。新一届村党支部书记履新，农安县还对学习菜单进行了调整，请纪委、检察院、经管局、组织部等各个部门和相关专家从各个方面进行岗位任前培训，受到村党支部书记的认可⑥。

---

① 顾春. 杭州党组织服务到“末梢”（深度关注）[N]. 人民日报，2013-01-22（18）.
② 顾春. 杭州党组织服务到“末梢”（深度关注）[N]. 人民日报，2013-01-22（18）.
③ 探索建立农村服务型党组织（干部说干事）[N]. 人民日报，2012-12-03（7）.
④ 探索建立农村服务型党组织（干部说干事）[N]. 人民日报，2012-12-03（7）.
⑤ 孟海鹰. 内外合力锻造村支书“铁军”[N]. 人民日报，2013-10-21（17）.
⑥ 孟海鹰. 内外合力锻造村支书“铁军”[N]. 人民日报，2013-10-21（17）.

其四，创新服务载体。在服务型党组织建设过程中，要围绕农村多样化发展需求，结合农民实际接受的状况，运用多种形式开展服务工作。例如，作为偏远山区和移民乡镇的江西省赣县大埠乡，为提高农村居民办事效率，成立外出人员服务中心，政策咨询、证照代办、就业推荐、矛盾调解、困难救助、计生保健、权益维护等多项社会公共事务服务，都可以一站式搞定，使得流动人员无须两地奔波；为便于沟通、联系和管理，外出人员服务中心把大埠乡散居在县城及周边的外出人员划分为十二个社区网格，建立翔实的人员信息库和诉求台账，乡党委政府安排76名乡村干部与1 358户群众结对联系，提供常态服务，及时了解群众的期盼，为群众解决迫切困难①。这是农村基层党组织依托创新服务载体提升组织力的表现。

其五，构建服务格局。实现主动服务、自我服务，是农村基层党组织组织力得到提升的重要标志。构建服务格局，要求农村基层党组织发挥其组织力和引领力，带动群众组织、社会组织等开展服务，以形成引领农村发展的整体合力。作为农村产权制度改革试点村，四川省隆昌市古宇村为了引领村民在村务管理中自愿参与、自己做主、自己治理，村党支部从议题选定、讨论表决、组织实施、示范带动等方面入手，引领村民议事会、村务监督委员会开展工作，效果令人惊喜：仅用五个月便完成了复杂敏感的勘查划界确权，村民领到了房屋所有权证、林权证等，新村建设也在“自愿、自主、自治”中启动，其间无一信访和纠纷②。由此可以看出，建设基层服务型党组织，提升农村基层党组织的组织力，既要从组织体系完善、组织队伍强化方面整体提高党组织的引领力和战斗力，又要发挥其服务功能，运用有效载体，促使农村群众形成全方位服务的格局，以实现农村基层组织在引领农村发展中的凝聚力、组织力和向心力，推动农村全面发展。

二、以决胜全面建成小康社会为目标，提升农村基层党组织组织力

农村基层党组织是推动农村全部工作的基础，在引领农村改革发展中发挥着战斗堡垒作用。党的十九大报告指出，“以提升组织力为重点，突出政治功能”，把农村基层党组织建设成为“宣传党的主张、贯彻党的决定、领导基层治理、团结动员群众、推动改革发展的坚强战斗堡垒”③。该时期，如期完成全面建成小康社会的历史重任，重点在农村。因此，推动农村基层党组织组织

① 任江华．培筑服务群众的“高速通道”［N］．人民日报，2014-04-29（18）．

② 江琳．破解“两难”：倒逼出来的创新［N］．人民日报，2013-09-24（18）．

③ 中国共产党第十九次全国代表大会文件汇编［M］．北京：人民出版社，2017：52．

力提升、以过硬的本领引领农村发展进步就成为达成目标的关键。

为适应新时代农村的改革发展，2018 年年底党中央修订的《中国共产党农村基层组织工作条例》予以农村基层党组织全方位的创新。党中央指出，党的十八大以来，农村基层党组织建设取得突破性进展。面对脱贫攻坚、乡村振兴、全面从严治党等时代要求，必须围绕社会主要矛盾的变化加强农村基层党组织建设，以全新的面貌增强农村基层党组织的组织力，为决胜全面建成小康社会、推动乡村振兴、实现农村改革发展新突破提供坚强的组织保证，其主要内容具体表现在：其一，经济建设上，以党的领导推动农村现代化；发挥动员和引领功能，带动农民脱贫致富；因地制宜发展集体经济。其二，精神文明建设上，加强农民的学习和培训，提高农民思想政治素养；破除农村陈俗旧规，抵制腐朽落后思想，提高精神文化生活水平；宣传党的思想和先进事迹，弘扬真善美。其三，乡村治理上，坚持民主集中制，完善村务公开制度；健全“三治”结合的乡村治理体系；加强农村生态文明建设；保障和改善民生。其四，领导班子和干部队伍建设。提高农村基层干部思想理论素养；优化农村基层干部整体结构；加强农村基层领导干部思想、组织、作风建设。其五，提高农村党员思想政治水平；严格管理农村基层党组织的组织生活；加强农村党员的教育、管理、监督和考评。党中央关于农村基层党组织工作要求的创新，体现了党对新形势下农村改革发展的迫切需要，是站在新时代背景下，决胜全面建成小康社会、促进农村基层党组织高质量发展、推动农村基层党组织组织力提升的重大创新。围绕以上目标，党就农村基层党组织组织力提升做出系列部署。

第一，强化党的理论学习。党的十九大以来，在新思想指引下，全国各地区相继开展“不忘初心，牢记使命”、党史学习教育主题教育活动，深化理论武装，强化理论素养，不断加强农村基层党组织政治功能建设，从思想层面提升农村基层党组织的政治引领力。例如，湖南大力弘扬“半条被子”“断肠明志”等蕴含的崇高精神，引导党员、群众从党的历史中汲取砥砺奋进的精神力量①。河南把党的创新理论作为党员教育培训的主课，开展“万名支部书记大培训”“百万党员进党校”②，有力地推动了科学理论深入基层，提升了农村基层党组织的理论素养。

第二，强化政治功能的发挥。全国农村基层党组织以提升组织力为重点，

① 履行好管党治党、强基固本的政治责任［N］. 人民日报，2021-05-10（1）.

② 履行好管党治党、强基固本的政治责任［N］. 人民日报，2021-05-10（1）.

坚持把政治建设放在首位，切实履行“两个维护”重要原则，坚定理想信念、激发干部队伍生机活力，以最坚决的态度从严治吏，扎实推进党的建设制度改革。例如，春节之际，在党组织的动员下，新疆七万多名“访惠聚”（“访民情、惠民生、聚民心”驻村工作）驻村工作队队员，包括 1 289 名深度贫困村的第一书记，与村民同吃同住，一起辞旧迎新，为稳定基层、服务群众、形成民族团结一家亲的氛围做出了突出贡献①。在农村基层党组织的带动下，各地区党组织在发挥政治领导、思想动员、凝聚人心、服务群众等方面发挥了重要作用。

第三，完善农村基层党组织设置。完善的基层党组织设置是促进农村改革发展的有力杠杆，在凝聚、团结、动员、服务群众方面发挥着重要作用。各地区根据党中央关于农村基层党组织设置的部署，结合地区发展实际，形成了系统完善的组织机构，完成了农村发展的无死角覆盖。例如，河北省承德市坚持在经济组织中设置党组织；采取单独组建、联合组建等方式，依托产业龙头建立党组织，采取“支部+基地”“党员+农户”等方式，依托产业基地建立党组织；采取“支部+协会”的方式，把从事同一产业但分散在各生产单位的党员组织起来，依托产业协会建立党组织；采取单独、联合、挂靠或选派党建指导员等方式，依托专业合作社建立党组织。这样，形成了以村党组织为核心、经济组织为依托、产业党组织为骨干“一核多元、融合互动”的组织体系，有力地促进了地区产业振兴②。

第四，强化党员干部教育管理和监督。提升农村基层党组织组织力，关键在于党员干部引领作用的发挥。各地农村将支部书记与党员干部的教育、管理和监督作为加强自身建设的重中之重，全方位提升了党员干部的整体素质，充分发挥了党员干部的模范带头作用。根据中组部（中国共产党中央委员会组织部）数据，“村党组织书记队伍中，农村致富能手占 54%，高中以上学历的占 71%。2013 年以来，中组部会同农业部举办农村带头人、大学生村官和实用技术人才培训 707 期，培训 7 万人次；实行村党组织书记县级备案管理，从优秀村干部中选拔乡镇领导干部 4 800 人，考录乡镇公务员近 2 万人；注重健全完善村级民主议事决策和管理监督机制，99. 9%的村建立村务监督机构，从源头上遏制农民身边的不正之风和腐败问题”③。这为加强和改进基层党建工

① 新疆 7.6 万余名“访惠聚”驻村工作队员和群众同吃同住，辞旧迎新［N］. 人民日报，2018-02-22（11）.

② 颜世东. 推动基层党组织全面进步全面过硬［N］. 人民日报，2022-03-25（24）.

③ 赵兵. 基层战斗堡垒强起来［J］. 党建导刊，2017（5）：8-10.

作提供了强大的队伍支撑。

第五，创新基层工作开展模式。基层工作开展的顺畅与否，直接影响基层群众生活的便利与否，关乎党组织在群众中信誉度的高低。农村基层党组织作为促进农民全面提升的重要载体，其工作开展模式直接决定了整体组织力的水平。因此，在满足人民对美好生活追求的目标的指引下，创新农村基层工作开展模式就成为基层党组织需要重点考虑的问题。地处云南省沧源佤族自治县最偏远的岩丙村，为克服交通不便、信息不通畅等困难，当地党组织采取“互联网+党建”的综合服务方式，借助于现代网络技术，通过现场填表、现场审核、信息录入、盖上电子印章等程序，能够快速实现问题的受理和解决，有效地解决了边远农村地区办事难的问题。除此之外，云南还实行“基层党组织+农村电子商务”模式，有效地推动了当地农产品的商品化①。得益于基层党组织组织力的发挥，类似的农村基层工作创新开展的案例在全国比比皆是，有力地带动了当地经济、文化的全方位发展和地区间的深度交流。

---

① 云南抓基层打基础，边疆基层党组织建设气象新[EB/OL].(2017-11-28)[2022-06-14]. https://baijiahao.baidu.com/s?id=1585271861792780964&wfr=spider&for=pc.

第三章　新时代农村基层党组织组织力建设的现状分析

中国共产党自成立以来，围绕农村基层党组织建设这一主题，进行了艰辛的探索，积累了丰富的理论和实践经验。中国共产党领导农村建设的历史就是不断加强农村基层党组织组织力建设的历史。党的十八大以来，中国共产党进一步加强了农村基层党组织组织力建设，取得了良好的成绩，积累了丰富的经验，同时仍然存在较多的不足。相关研究认为，西部欠发达地区是农村基层党组织组织力建设共性问题和个性问题交织的地区，是问题最突出的地区，也是问题固化最严重的地区，更是农村基层党组织组织力建设亟待持续加强的地区。为此，本书选取了西部欠发达地区的 4 个行政村和中部地区 1 个经济发展水平较好的行政村作为调研对象，结合其他区域的农村基层党组织组织力建设案例进行分析。本书在研究视域上主要侧重党的十八大以来中国共产党领导农村经济社会发展、加强农村基层党组织组织力建设等方面的成效，以及对其存在的相关问题进行探究。

第一节　新时代农村基层党组织组织力建设取得的主要成效

党的十八大以来，我国农村基层党组织组织力建设取得了明显的成效。总体而言，农村基层党组织的组织体系和组织设置日益健全，农村基层党组织的标准化和规范化建设持续加强，农村基层党组织的功能发挥具备了良好的现实载体和传导机制。各级党委高度重视管党治党主体责任，农村基层党组织的政治功能作用得到有效发挥，政治引领和思想建设能力更加凸显。农村基层党组织坚持以发展为第一要义，持续加强乡村建设和巩固脱贫攻坚成果，持续推动乡村振兴和农村经济社会发展各项事业，围绕农村中心工作抓好党建；农村基层党组织充分发挥引领社会治理的功能，有效协同新时代农村多元社会主体积极参与农村经济社会发展的各项事业，显示出了良好的社会治理效能；农村基层党组织通过加强农村社会主义核心价值观教育，移风易俗，逐渐形成了健康的乡村文化引领；农村基层党组织的经费投入、人力投入显著增加，培训提升效果显著增强，不少地方将党建工作当作“头号工作”，高度重视农村基层党组织群众服务和人心凝聚的工作，取得了显著的成绩。

一、农村基层党组织的政治功能更加凸显

党的十八大以来，各级党委持续加强农村基层党组织组织力建设，特别重视充分发挥农村基层党组织作为政治组织的功能属性，努力把农村基层党组织建设成为坚强战斗堡垒，具体体现在贯彻党的意志和落实党的政策两个方面。在贯彻党的意志方面，农村基层党组织始终坚持以人民群众的根本利益为工作出发点和落脚点，通过加强农村基层党组织的政治领导力建设，领导农村广大党员干部、农民不断增强“四个意识”、坚定“四个自信”、做到“两个维护”，坚决维护农村经济社会发展的良好局面，抵御农村宗教非法传播和黑恶势力对农村经济社会各个方面的不利影响，及时准确地将党的意志和要求落到实处。农村基层党组织以党内集中教育为契机深化学习，有力推动党的创新理论对农村党员干部的思想洗礼。开展专题培训加强学习，普遍落实县级党委每年至少对村党组织书记培训 1 次、乡镇党委每年至少对农村党员集中培训 1 次的要求，把学习贯彻习近平新时代中国特色社会主义思想作为必修课①，形成了常态化学习教育机制。同时，农村基层党组织通过加强政治领导力建设，为贯彻执行农村脱贫攻坚及巩固脱贫攻坚成果、实施乡村振兴战略、维护安全稳定等国家重大方针政策等提供了坚强保证。在落实党的政策方面，农村基层党组织通过加强组织力建设，“心系国之大者”，绝大多数的农村基层党组织能够充分了解国家发展的宏大战略，深刻把握中国式现代化建设进程中的“短板”，能够创新性开展和创造性推进农村基层的各项工作，充分贯彻落实党的路线方针政策，团结带领群众完成各项任务。总体而言，党的十八大以来，农村基层党组织的政治功能得到持续加强，中国共产党进一步加大从严治党力度，大力提升农村党员干部的素质和能力，有效夯实了农村基层党组织的战斗堡垒作用，有力地促进了农村经济社会各项事业的健康发展。

---

① 推动农村基层党建全面进步整体提升 为农村改革发展稳定提供坚强组织保证：党的十八大以来农村基层党建工作综述［N］. 人民日报，2021-06-08（1）.

二、农村基层党组织的文化引领功能得到更好发挥

改革开放之后，中国广大农村推行家庭联产承包责任制，集体时期形成的乡村文化体系开始转型，“乡村的公共性逐渐淡化，而私人性的特点愈发明显，乡村逐渐显露出原始化趋势”①。随着社会主义市场经济体制的建立，大量的农村劳动力融入城市，部分农村空心化态势日益严重。在城市和农村来回奔走的“两栖式农民”群体逐渐增大，较多农民长时间工作生活在城市之中。乡村传统的宗族文化、乡贤文化等逐渐式微，第一代农民割舍不掉的乡愁是乡村建设的根基，但是“农二代”基本上没有了“乡愁”，取而代之的是现代城市生活的体验和渐行渐远的童年回忆。党的十八大以后，农村基层党组织高度重视加强乡村文化建设。各地农村基层党组织针对本地文化传统和具体文化建设实际，开展了大量卓有成效的乡村文化建设工作，有力地发挥了乡村文化引领功能。党的十九大报告对全面落实乡村振兴战略提出了“产业兴旺、生态宜居、乡风文明、治理有效、生活富裕”的 20 字总要求，特别是提出了加强“乡风文明”建设。广大农村基层党组织充分认识到了“乡风文明”建设的实质就是乡村文化振兴。乡村文化振兴既是党中央立足社会主要矛盾变化、着力解决好发展不平衡不充分问题所做出的重大战略决策，也是我们党对近代以来工业化、城市化和乡村发展所进行的历史总结和高度自觉②。加强乡村文化建设已经成为广大农村基层党组织在文化引领力建设方面的基本共识。通过加强乡村文化建设，着力从思想上进行引领，助推新时代农业农村现代化建设。党的二十大报告明确指出，中国式现代化是物质文明和精神文明相协调的现代化③。当前在农村基层党组织的引领下，不少农村，特别是经济较发达地区，包括一些经济欠发达的民族地区，在乡村文旅、乡贤文化、传统文化、红色文化等方面实现了良好统一，把文化建设与产业发展、乡村发展等紧密结合起来，很好地促进了农村基层党组织文化引领力的持续提升。

三、农村基层党组织更有效地融入中心工作

党的十八大以来，农村基层党组织紧扣发展第一要务，把基层党组织组织力建设与基层党组织作用的发挥紧密结合，着力克服“两张皮”问题，积极

---

① 赵淑清. 再造乡村文化 助力乡村振兴 [J]. 人民论坛，2018 (5)：138-139.

② 蔡斯敏. 文化引领乡村振兴 [N]. 山西日报，2019-12-23 (10).

③ 习近平. 高举中国特色社会主义伟大旗帜 为全面建设社会主义现代化国家而团结奋斗：在中国共产党第二十次全国代表大会上的报告 [N]. 人民日报，2022-10-26 (1).

推动农村基层党组织组织力建设与脱贫攻坚、乡村振兴、农村改革、乡村建设、产业发展等重大任务的落实有机统一。首先，为了有效推进农村基层党组织积极融入中心工作，中共中央从制度上设计了相应的架构，充分明确了农村基层党组织全面融入中心工作的政策要求。《中共中央 国务院关于建立健全城乡融合发展体制机制和政策体系的意见》和《中共中央 国务院关于坚持农业农村优先发展做好“三农”工作的若干意见》明确提出“全面推行村党组织书记通过法定程序担任村委会主任”等，进一步推动农村基层党组织有效融入农村各项中心工作，有效加强了对农村经济社会各项工作的全面领导。其次，较多地区逐渐形成了城乡统筹发展的党建格局。一方面，积极推进城市先进基层党组织同农村基层党组织结对共建，如高校院系党组织结对农村村级党组织，或者选派管理骨干、技术骨干深入农村基层党组织担任相应的“驻村干部”或“工作队队长”等。截至2020年年底，全国累计选派25.5万个驻村工作队、300多万名第一书记和驻村干部。农村基层党组织通过开展与城市企事业单位党组织结对共建，有效吸纳了城市企事业单位基层党组织的技术优势和资源优势，这有力地提升了农村基层党组织对农村经济社会发展等各项中心工作的统筹和推进的能力。另一方面，较多县级党组织注重统筹推进城镇区域化党建、统筹城乡党建工作等，切实将所辖乡、镇年度党建工作目标考核的重要指标与领导班子综合考核评价挂钩，以制度的形式确保了统筹城乡党建工作的重点突破和整体提升。这种工作要求和工作模式，客观上要求乡、镇党委需要有效发挥农村基层党组织的政治领导力、宣传动员力、经济发展力和群众服务力等。总体而言，新时代农村基层党组织只有充分动员群众、发动群众和服务群众，帮助农民发展产业和开展各项服务，才能切实融入农村的各项建设之中。

四、农村基层党组织的谋划推进更加系统

党的十八大以后，农村基层党组织进一步着眼于推动农村基层党建高质量发展，在党建质量评价、党建引领乡村治理、党建融入中心工作等方方面面进行了系统谋划，取得了显著的进步，进一步彰显了农村基层党组织的统筹发展力。首先，中共中央从制度上进一步加强了农村基层党组织标准化和规范化建设。中共中央重新修订印发了《中国共产党农村基层组织工作条例》，该条例以习近平新时代中国特色社会主义思想为指导，贯彻党章和新时代党的建设总要求、新时代党的组织路线，紧密结合农村实际，坚持问题导向，总结基层创造的好经验好做法，对党的农村基层组织工作做出全面规范，是新时代党的农

村基层组织建设的基本遵循①。山西、内蒙古、江西、湖南、贵州、西藏、宁夏等地开展支部标准化规范化建设，推动村党组织查漏补缺、晋位升级②。其次，中共中央从方法路径上进一步强调农村基层党组织的功能化建设，全面提升农村基层党组织组织力。农村基层党组织普遍能够通过规范开展“党建月会”，认真学习传达中央、省、市、县等下发文件的精神，切实把党的意志、党的决定和党的政策传达到每位基层党员、乡村干部，认真履行基层党组织的政治引领功能；农村基层党组织紧密围绕脱贫攻坚成果巩固和乡村振兴战略实施，引领和带动农民推动产业发展和开展党建引领社会治理等，凸显了农村基层党组织的创新发展功能；农村基层党组织为了确保农村经济社会发展具有和谐安定的环境，设置了“一村一辅警”等来加强农村治安环境建设，体现了农村基层党组织维护稳定的功能等。最后，农村基层党组织通过加强组织力建设，切实从政治引领、文化凝聚、动员号召、发展推动、群众服务各个方面通盘考虑、齐头推进，积极谋求推动乡村振兴战略实施的农村共同体建设。针对集体经济发展问题，黑龙江、福建等地编制了加强集体经济发展规划等，河北、吉林、辽宁、陕西等地从省级层面出台了支持农村经济发展的政策措施。市、县、乡党委加强统筹，编制实施方案，统筹整合政策、项目、资金、人才等资源，强化指导推进③。当然，农村基层党组织的组织力建设应始终融汇于乡村振兴的全过程，并强调以产业发展为牵引，推动农业现代化发展进程。

五、农村基层党组织的服务保障更加扎实

党的十八大以后，农村基层党组织组织力建设进一步加强，特别是在服务群众和保障落实等方面取得了明显的进展。在服务群众方面，农村基层党组织通过加强组织力建设，特别是群众服务力建设，取得了明显的成效，农民群众的反映总体良好。农村基层党组织健全了党组织领导的治理机制，完善“四议两公开”、村务监督、基层民主协商等制度机制，确保各项工作规范运行、有序有效。有的地方实行网格化管理、精细化服务。广东在1.9万个行政村建立一级网格，在12.4万个村民小组建立二级网格，以89万名党员中心户为主体建立三级网格。北京推动党建引领“吹哨报到”改革、完善“接诉即办”

① 中国共产党农村基层组织工作条例［N］．光明日报，2019-01-11（2）．

② 推动农村基层党建全面进步整体提升 为农村改革发展稳定提供坚强组织保证：党的十八大以来农村基层党建工作综述［N］．人民日报，2021-06-08（1）．

③ 推动农村基层党建全面进步整体提升 为农村改革发展稳定提供坚强组织保证：党的十八大以来农村基层党建工作综述［N］．人民日报，2021-06-08（1）．

机制等[1]。笔者在调研座谈中也深度了解到，农村基层党组织高度重视深入一线推动工作落实等。全国普遍落实县级领导班子成员包乡走村、乡镇领导班子成员包村联户、村“两委”成员经常入户走访等制度，及时发现并解决问题等[2]。在保障落实方面，农村基层党组织高度重视村级党组织负责人的激励和保护等。一方面，从严教育监督和管理党员，充分发挥好党员的示范引领作用。通过村委的“党建月会”，严格规范党的组织生活，村党组织普遍落实“三会一课”、民主评议党员、主题党日等制度，注重把组织生活与村级中心工作、解决民生问题结合起来，不断增强组织生活的生命力、感召力[3]。另一方面，保证农村基层党组织负责人的基本报酬、正常离任的村干部的生活补贴、村级组织办公经费、服务群众专项经费落实到位；同时加大改造村级活动场所的力度，把村级幼儿园和村委党建活动场合的改建统一起来等。部分省份，如江西、广东、甘肃筹集资金对农村活动场所进行改造，海南、青海等创新推出了基层党组织负责人待遇保障相关制度和举措等。

总体而言，党的十八大以来，农村基层党组织的组织力建设发生了深刻变化，取得了明显的成效。新时代农村基层党组织组织力建设取得显著成效，得益于中国共产党始终高度重视对农村经济社会发展的全面领导，得益于中国共产党的阶级属性和人民立场，这也是中国共产党实施乡村振兴战略的根基所在。

第二节　新时代农村基层党组织组织力建设存在的具体问题

为了开展新时代农村基层党组织组织力建设研究，本书主要选取西部欠发达地区部分农村基层党组织的组织力建设现状进行调研分析，同时结合中部地区经济发展水平较好的行政村的农村党组织组织力调研情况进行对比研究[4]。本次调研总共选取了西部两个省份的 4 个行政村，另外选取了中部省份的 1 个

---

① 推动农村基层党建全面进步整体提升 为农村改革发展稳定提供坚强组织保证：党的十八大以来农村基层党建工作综述［N］. 人民日报，2021-06-08（1）.

② 推动农村基层党建全面进步整体提升 为农村改革发展稳定提供坚强组织保证：党的十八大以来农村基层党建工作综述［N］. 人民日报，2021-06-08（1）.

③ 推动农村基层党建全面进步整体提升 为农村改革发展稳定提供坚强组织保证：党的十八大以来农村基层党建工作综述［N］. 人民日报，2021-06-08（1）.

④ 本书主要选取的是四川、甘肃经济较为落后的四个行政村，同时选取了江西一个经济较好的行政村进行问卷调查和相关访谈工作，获取了较为丰富的调研素材。

行政村进行问卷调查和分析。调研团队在四川省和甘肃省选取了4个不同县的行政村，这4个行政村均位于欠发达的民族地区，正是当前巩固脱贫攻坚成果和推进乡村振兴有效衔接的重点区域和关键区域，问题最为突出，情况最为具体，能够较为真实地反映经济欠发达地区农村基层党组织组织力建设存在的现实问题。另外一个调研区域是江西省的1个经济发展较好的行政村。

在调研中，调研团队对5个行政村的基层党组织和农村党员代表、村民代表进行问卷调查和个人访谈。调研团队主要采取的是问卷调查法和半结构式访谈法，与乡镇干部、驻村干部、基层党员和群众代表进行了较为深入的访谈，获得了大量真实的调研资料。通过梳理5个行政村的调研资料，调研团队形成了一些基本判断，较为客观地呈现了部分农村基层党组织组织力建设的真实图景。

一、部分农村基层党组织的政治引领力仍需进一步强化

我们在调研中发现，无论是经济欠发达地区的农村基层党组织，还是经济发展水平较高地区的农村基层党组织，在贯彻党的意志、宣传党的主张、发挥基层党组织的政治功能方面均起到了积极的作用，较好地发挥了新时代农村基层党组织的政治引领作用。但是，通过问卷分析和访谈我们得知，部分农村基层党组织的负责人和党员干部的政治品质、政治品格和政治站位等方面仍需大力提升；一些农村的党员干部对党的创新理论的学习把握不到位，学习有效性不足；一些农村基层党组织的党内政治生活严肃性不强；部分农村基层党组织对思想宣传的认识、宣传的方式等依然较为不足等；一些地方仍然存在农村基层党组织规范化建设的表象与党建路径的现实相偏离等问题。

1. 农村基层党组织的政治能力建设方面存在一定的不足

新时代农村基层党组织面临新形势、新任务和新挑战，加强农村基层党组织的政治引领力是确保农村经济社会发展方向正确的根本保证。我们在调研访谈中的一致感受是各个村级党支部负责人和党员干部普遍拥护党的领导和党的政策，尤其是经济欠发达地区的农村基层党组织负责人和党员干部群众对党的拥护和感恩之情表现得更为强烈。我们在调研中同时发现不同区域的农村基层党组织，政治功能作用的发挥水平参差不齐，宣传党和国家的方针政策的力度不一致，且多数地方宣传的方式方法仍然较为单一。通过图4-1可知，经济欠发达地区的基层党组织采取集中宣传党的方针政策的方式的比例为44.25%；而部分经济发展较好的地区采取集中宣传党的方针政策的比例仅为12%，两者存在较大差距。尽管不同地区的农村基层党组织可以创新方式、方法来宣传党

的方针、政策，但这也表明不同区域的农村基层党组织的政治功能发挥水平参差不齐。同时，部分农村基层党组织的党员干部对基层党组织的战斗堡垒作用以及党的执政地位夯实等方面的认识也较为不足。通过图4-2可知，部分村民参加村党支部组织的会议和活动不够积极，个别村依然存在党内政治生活的形式化，存在签到、走过场的现象，较多的时候仍以完成乡镇安排的“工作任务”为主。部分农村基层党组织仍然较多地陷入了常规的落实“上级任务”的状态中。通过图4-3可知，在经济发展水平较高的地区，部分农村基层党组织对党员的管理仍然较为松散，个别党员干部的党员意识仍需进一步提升。

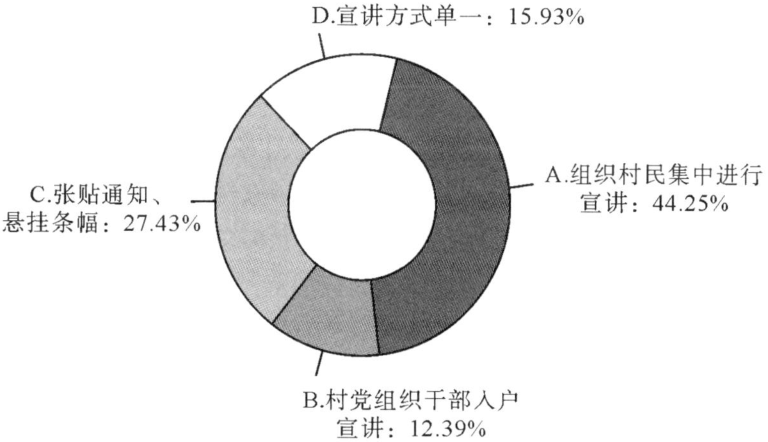

图4-1　经济欠发达地区某村党支部组织宣讲党的方针、政策的方式对比

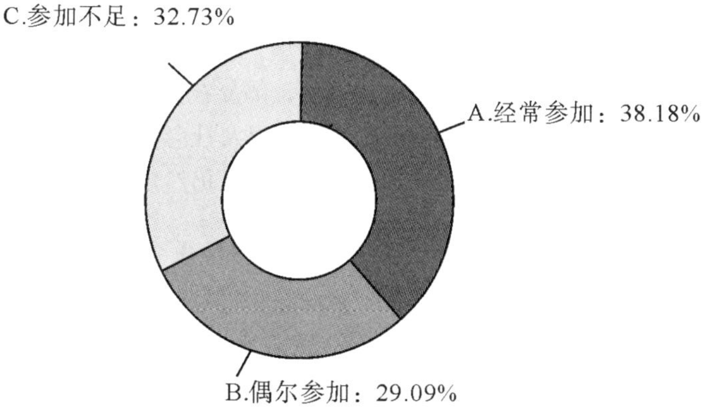

图4-2　经济欠发达地区某村村民参加村党支部组织的会议与活动的情况

2. 农村基层党组织对农村村民的思想引领重视不足，方式方法创新不够

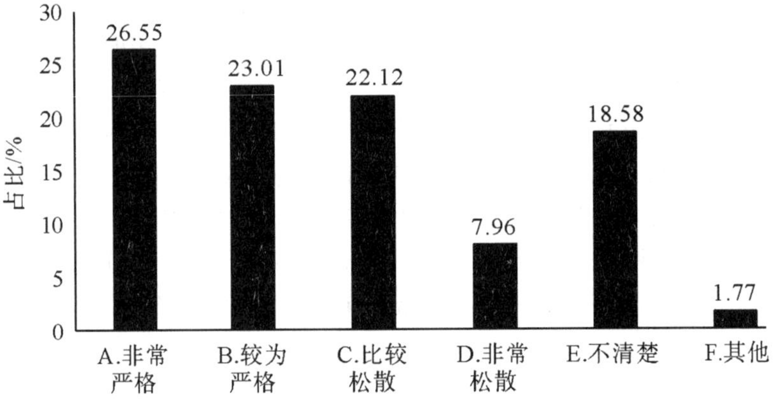

图 4-3　经济发展水平较高地区某村党支部对党员的管理情况

进入新时代以后，中国广大农村基本上解决了物质生活问题；尽管部分欠发达地区的农民仍然存在返贫风险，但当前中国农村整体已经迈进了小康社会。然而，物质利益的满足和精神境界的提升两者之间仍然存在较大的差距，特别是一些经济较为落后的农村地区。“部分村级党组织没有认识到传播社会主义先进文化和马克思主义意识形态的重要性，没有将其上升到战略高度，对加强农民思想政治教育工作的紧迫性认识不足。表现为部分农村基层干部仍然将经济工作和扶贫工作视为工作的重心，思想政治教育工作让位于经济工作和扶贫工作的现象。”①这种现象在部分农村仍然较为普遍。部分农村基层党组织缺乏开展农村思想引领活动的有效载体和相关抓手。相比较而言，经济欠发达地区的农村基层党组织更加重视如何推动当地的经济发展，就移风易俗以及社会主义核心价值观引领方面推出了“积分超市”② 等方式进行行为固化和逐渐引领。通过图 4-4 可知，在经济欠发达地区，部分农村基层党组织囿于经济基础、文化基础、人力困境等，对党的创新思想以及社会主义核心价值观等的传播依然较为乏力；组织开展的各类活动成效较差，仍然较为空洞和形式化。

---

① 曾士花. 中国共产党村级党组织领导力建设研究［D］. 北京：中共中央党校（国家行政学院），2020：68.

② “积分超市”主要是一些经济较为落后的民族地区的农村基层党组织为了引导部分村民积极改变自身居住环境和响应基层组织的各项政策等，通过引导村民参与集体组织的各项活动获得“积分”，最后以“积分”换取一些生活用品，进而逐渐引领部分村民参与公共事务和改变生活习惯等的做法。

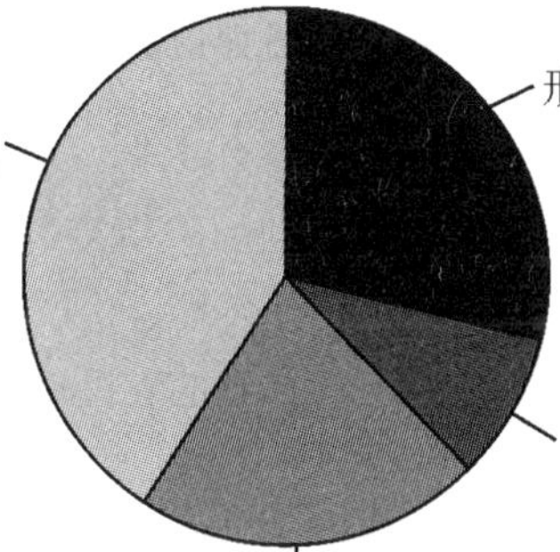

图 4-4　经济欠发达地区某村党支部组织的各类活动形式及成效等

3. 农村规范化建设的表象与党建路径的现实偏离，消减了基层党组织的引领力①

进入新时代以后，全面从严治党持续加强，这在一定程度上促进了农村基层党组织的规范化建设。通过调研我们发现，部分农村的基层党组织依然存在硬件建设标准化、理论学习形式化等现象，背离了农村基层党建活动的客观要求。一是农村基层党组织设置规范化和场地建设标准化的基本表象。在调研的各个村均设置了村党支部，支部成员配置齐全。个别村有支部委员在外务工的现象，村支部的相关事务主要靠村支部书记完成；每个村的村委办公室和党员活动室等硬件建设都比较完善，每个村的党员活动室都订阅了一些党建报刊资料。值得关注的是，部分村委会办公室和党员活动室使用频率较低。在深度访谈中我们得知，个别行政村的党建活动室使用频率较低。二是农村基层党组织党建活动形式化导致党建路径的现实偏离。调研中我们发现，各个村的党建活动形式大同小异，“规定动作”完成状况参差不齐。活动基本上是参加乡上的集体学习，村支部很少主动开展规范性的党员教育学习活动。党支部活动主要采取宣读文件的形式，且到场党员主要是在家的老党员；一些村党支部在镇上开党员大会的时候才进行相关理论学习，但是村党支部依然形成了一本“党员学习记录”。每个村基本上都完成了各项学习的“规定动作”，但是许多村委会负责人对党建引领产业振兴等方面缺乏足够认知，基层党组织的政治引领作用发挥不足。

---

① 部分观点和内容刊载于：刘渊. 西部农村党组织组织力建设的内涵解析、现实反思与实践进路：基于三个行政村的调研［J］. 探索，2019（6）：120-128.

二、部分农村基层党组织的社会动员力仍需进一步提升

动员群众，是对基层党组织的重要能力要求。当前，广大农村已经整体处于脱贫攻坚成果巩固期和乡村振兴发力期的“衔接过渡期”。中国特色社会主义进入新时代后，农村地区经济社会快速发展、生产生活方式急速变迁和部分农村相对贫困治理长效机制不健全可能导致的农民返贫风险，客观上要求农村基层党组织进一步加强社会动员力，动员群众、组织群众、吸引人才、整合资源，切实通过党建引领乡村社会治理创新，协助解决各类问题。调研中我们发现，农村基层党组织的社会动员能力较之以往有不同程度的提升。但是，由于不同区域的经济社会发展水平不同，不同区域的农村基层党组织的社会动员力呈现出了不同的状态。

1. 部分农村基层党组织没有紧密结合农民的现实需要，村民参与农村基层党组织举办的会议和活动的积极性不高

我们在调研中发现，经济发展水平同群众参与村级党组织的各类活动或会议的积极性没有必然联系。通过图 4-5 和图 4-6 对比可知，经济欠发达地区，特别是部分经济仍然较为落后的少数民族地区的村民，参加村党支部组织的会议与活动的积极性更强；相反，经济发展水平较高的非少数民族地区的村民参加村党支部组织的会议与活动的积极性不强。由此表明，基层党组织的社会号召力与其所在区域的经济发展水平并不呈正相关，更多取决于农村基层党组织自身是否紧密结合了当地村民的现实需要，是否真正满足了当地村民的利益诉求，以及基层党组织的集体经济发展能力和基层党组织自身的示范引领等。

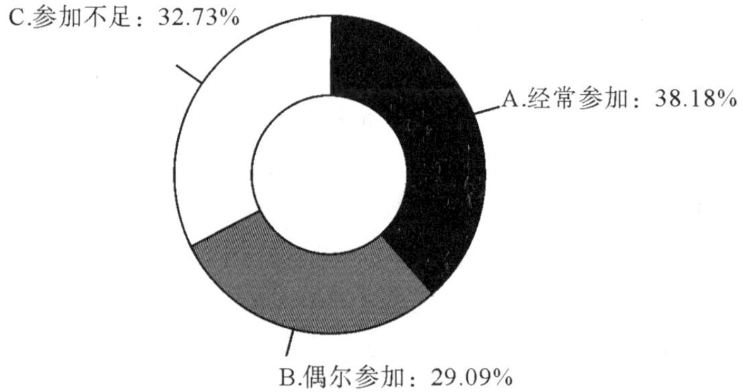

图 4-5　经济欠发达地区某村村民参加村党支部组织活动的积极性

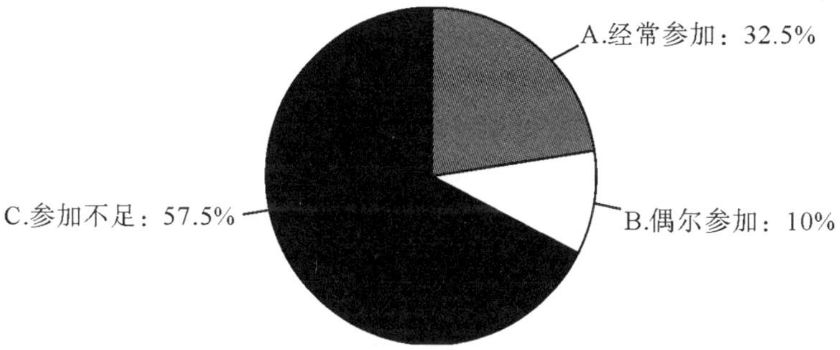

图 4-6　经济发展水平较高地区某村村民参加村党支部组织活动的积极性

2. 部分农村基层党组织依然存在的官僚化和资源配置特殊化现象，消减了基层党组织的号召力

党的十八大以后，农村基层党组织普遍呈现出了更好的精神风貌，基层党组织在人民群众中的形象得到了很大的改善，农村基层党组织的战斗堡垒作用得到了充分的发挥。但从群众访谈和问卷调研可知，部分农村的普通党员和群众仍然反映村干部存在“微腐败”问题，部分党员干部存在资源配置“偏向性”和政策执行的“逐利性”等问题。具体体现在：一是部分农民特别提到，一些关于乡村振兴的建设项目等大都被基层干部承包，在项目承包过程中依然存在不透明不公开现象和“微腐败”问题。二是部分群众反映，一些村干部在资源配置上倾向于照顾亲戚朋友，在相对贫困对象“瞄准”等方面表现得较为突出。这种资源配置“偏向性”和政策执行“逐利性”现象，背离了党的性质和宗旨，损坏了基层党组织的形象。另外在相关地区的问卷调研中我们也发现了这一问题的客观存在。在图 4-7 中，经济欠发达地区某村村民关于村党支部或党员干部在乡村的各项建设中是否存在“不透明”和“不公开”的问题，回答“不清楚”的比例达到 30%；对比经济较好的地区的问卷调研我们发现，关于村党支部或党员干部在乡村建设的推进中是否存在“不透明”和“不公开”的问题，回答“不清楚”的比例也高达 36. 67%。这些问题的存在客观上消减了基层党组织的社会动员能力。

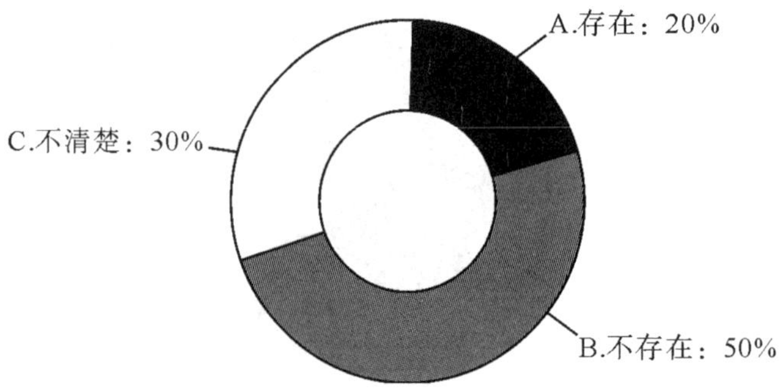

图 4-7　经济欠发达地区某村村民对乡村建设中的公开透明问题的回答

3. 部分农村基层党组织的群众认可度仍需加强，动员各类人力资源参与乡村振兴不够，吸引社会多元利益主体参与乡村振兴不足

新时代推进乡村全面振兴的关键在于充分发挥农村基层党组织的核心引领作用，切实提高农村基层党组织的群众认可度。通过农村基层党组织有效动员各类人力资源、吸引各类人才、协调多元利益主体积极参与乡村振兴，尤为关键。调研中我们发现，相关区域的农村基层党组织在群众认可度和核心作用发挥方面的认可度较为一致，对此方面持肯定意见的只占50%左右的比例，选择“说不清”或“不是”的比例高达40%。通过图4-8可知，欠发达地区个别行政村基层党组织的群众认可度和核心作用的发挥较为不足，这较大地消减了基层党组织的社会号召力。另外，从部分地区的统计数据来看，当前农业从业者的年龄结构和受教育程度不容乐观，在家务农的农民50岁以上的普遍超过90%，初中以下文化程度普遍占90%①。部分农村留守群体较多是老人、妇女、儿童，青壮年普遍外出务工。部分农村的人口现状客观上也在一定程度上影响了农村基层党组织的组织和动员。经济较发达地区农村基层党组织作为基层治理的主体，在治理理念、治理思路、治理载体等方面的开拓创新不够，其他治理主体参与基层治理的意愿不强，未能有效形成治理合力。

---

① 乔金亮. 打造一支高素质农民队伍［N］. 经济日报，2020-06-12（3）.

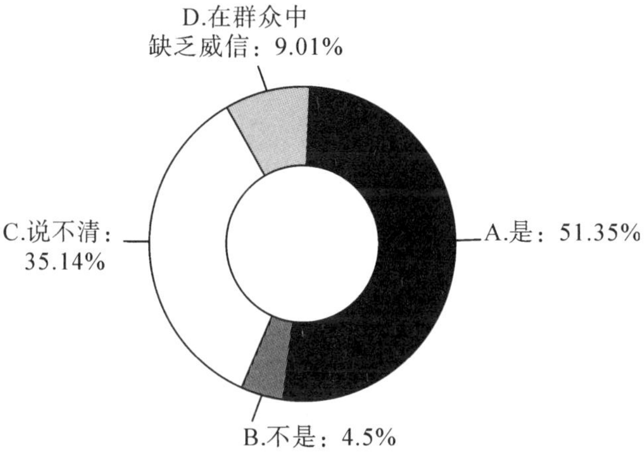

图 4-8　经济欠发达地区某村村民对党支部的领导核心作用是否发挥的回答

三、部分农村基层党组织的文化凝聚力仍然较为薄弱

不同的时代背景下，农村的文化建设面临的挑战和问题不同。计划经济时代的农村还是传统的乡土社会，村民的集体意识、团结意识较为浓厚，农村的公共文化属性较强。随着现代化的持续推进和乡村社会的不断衰落，多元文化侵入农村，农村出现了一些不良文化倾向，部分党员干部信仰缺失，理想信念迷失，农村精神文化建设较为不足，导致农村基层党组织的文化凝聚力减弱，未能有效地发挥好社会主义核心价值观在农村的示范引领作用。

1. 部分村民对农村基层党组织的信任和认同程度降低，部分村民趋利性增强，农村基层党组织的文化建设较为乏力

调研中我们发现，村民对农村基层党组织的信任和拥护与基层党组织对村民的持续帮扶呈正相关，不同区域的村民在入党意愿上也呈现出了明显的差异。“传统价值规范的约束力不断下降，原有的社会关系网络发生断裂，农民作为独立的个体而存在，彼此间的关联性弱化，对党组织的依赖程度也大为降低，随之带来认同感的下降。”①根据图 4-9 可知，经济欠发达地区村民有入党意愿的高达 86.02%，而经济发展水平较高的地区村民有入党意愿的为 67.65%。通过分析得知，主要是经济欠发达的地区尤其是民族地区一直得到了基层党组织的各种帮扶，基层党组织的作用发挥得更为明显。另外，传统的集体主义、平均主义受到了市场经济大环境的强烈冲击，市场经济的竞争性和

① 谌玉洁. 嵌入性视角下农村基层党组织提升治理能力的困境及应对策略［J］. 中共福建省委党校学报，2019（4）：74-80.

逐利性驱使部分农民更为注重个人经济利益的获取。部分农民的价值观呈现出利益化和理性化的特征①。在调研中我们发现，部分农村呈现出的真实图景是“道路水泥化、访亲货币化、话题物质化、人情淡薄化”。较多农民外出务工，彼此之间缺乏交流，部分村民之间的人情交往相对以前略显淡薄，传统的农村“熟人社会”逐渐变成了“陌生人社会”；农民在价值取向上更多地呈现出了趋利性和功利性的特点。这些现象的产生既源于农村经济社会快速变迁的外在环境因素，也源于基层党组织的文化治理“缺位”等因素，农村基层党组织未能有效协同相关治理主体形成一种良好的文化治理氛围。

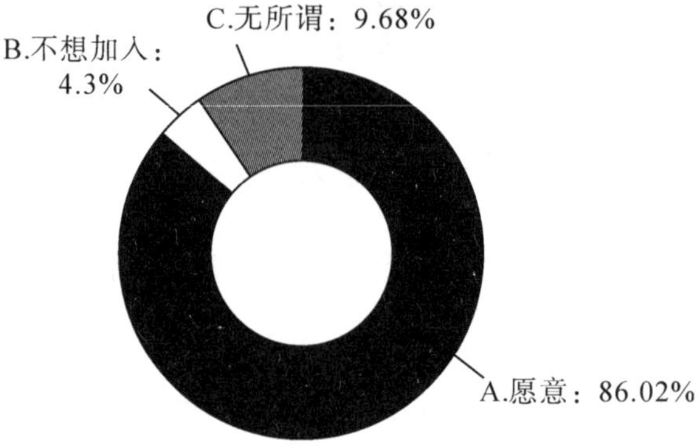

图 4-9　经济欠发达地区某村村民入党意愿

2. 农村基层党组织开展精神文化活动不足，无法有效满足村民对精神文化生活的现实需要

习近平总书记指出，共同富裕是全体人民共同富裕，是人民群众物质生活和精神生活都富裕②。总体而言，新时代农村基层党组织普遍注重加强社会主义核心价值观的学习和传播，普遍注重加强新乡贤文化建设，注重有序开展农村移风易俗等精神文化建设活动。无法回避的是，当前部分地区的不同村民的精神富裕程度仍然存在较大的差距。部分村民平时除了看电视之外，基本上是“玩抖音”，缺乏其他较为健康的精神文化活动。从图 4-10 和图 4-11 可知，经济欠发达地区的村民闲暇进行“玩抖音”“打扑克”等娱乐活动的比例合占 28.57%，经济发展水平较高的地区的村民闲暇进行“玩抖音”“打扑克”等娱乐活动的比例共占 57.5%。由此可见，经济发展水平是农村基层党组织文化

① 林星，王宏波．乡村振兴背景下农村基层党组织的组织力：内涵、困境与出路 [J]．科学社会主义，2019 (5)：115-120.

② 中共中央宣传部，国家发展和改革委员会．习近平经济思想学习纲要 [M]．北京：人民出版社，2022：43.

建设的现实基础，但并非农村基层党组织文化建设成效的决定因素，关键取决于当地农村基层党组织在文化建设方面的重视和投入程度。究其原因，一方面是受当地的经济发展水平制约，另一方面是由农村基层党组织陷入了常规事务之中无法抽身、疲于应付或经费不足等所致。通过调研我们发现，无论是经济发展水平较高的地区，还是经济欠发达的地区，广大村民均对精神文化活动的开展充满了期待。其中，关于“是否需要村党支部举办一些娱乐活动或学习培训”选项，经济发展水平较高地区的村民选择“希望”和“非常希望”的比例各占47.5%和27.5%，经济欠发达地区的村民择“希望”和“非常希望”的比例各占50%和36.61%。由此表明，经济欠发达地区农村基层党组织在文化凝聚力建设方面的任务更为迫切和艰巨。

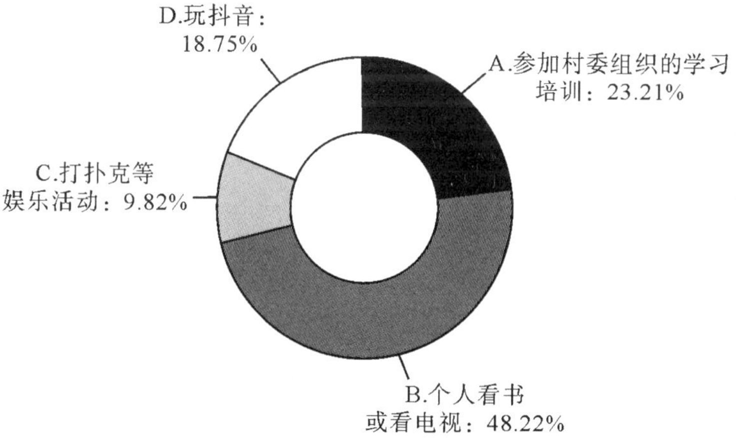

图 4-10　经济欠发达地区某村村民闲暇时间安排情况

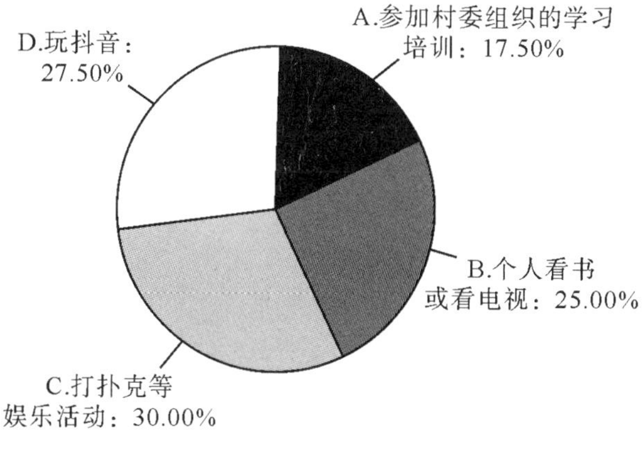

图 4-11　经济发展水平较高的地区某村村民闲暇时间安排情况

四、部分农村基层党组织的群众服务力发挥较不充分

加强群众服务力建设是新时代农村基层党组织组织力建设的关键所在，这是新时代推进乡村振兴的客观要求，更是中国共产党的本质属性使然。调研中我们发现，农村基层党组织通过不断加强自身建设，以及统筹实施“第一书记”制度和“机关干部下乡”等举措，总体上提升了农村基层党组织的服务意识，在服务方法和服务能力等方面均有较大提升。但是，村民对农村基层党组织的满意度仍然不高，农村基层党组织主动服务和创新服务能力不强，农村基层党组织的群众服务力仍然需要进一步加大建设力度。

1. 部分农村基层党组织党员干部的服务意识仍需进一步加强，服务机制仍需进一步健全

思想是行动的先导，只有认识到位，行动才会自觉。农村基层党组织党员干部的服务意识是有效服务村民的前提。根据图 4-12 可知，在经济发展水平较高的地区，部分农村基层党组织的服务意识仍然不足，主动性不强，不能及时有效地解决村民的难点和堵点问题。一方面是由于农村各项问题的复杂性，以及村民各项诉求的多样性；另一方面也是由于农村基层党组织的党员干部队伍建设同样面临着各项挑战，个别行政村的党员年龄普遍较大，村支部书记年龄结构和能力水平也参差不齐。在一个经济较为落后的乡镇的调研座谈中我们得知，该乡 6 个村支部书记，其中“90 后”2 名，“80 后”3 名，“70 后”1 名。根据图 4-13 可知，部分农村基层党组织在服务群众方面缺乏有效机制，主要依靠传统路径进行意见和建议的收集，绝大多数的行政村更多采取集中开会和走访调研的方式收集意见和建议。在调研中我们发现，欠发达地区农村基层党组织更多采取集中开会和走访调研的方式，通过设置意见箱的方式收集意见和建议的占比仅为 9.01%，选择“其他”的比例高达 17.12%；而经济发展水平较好的行政村通过设置意见箱的方式收集意见和建议的占比为 22.5%。

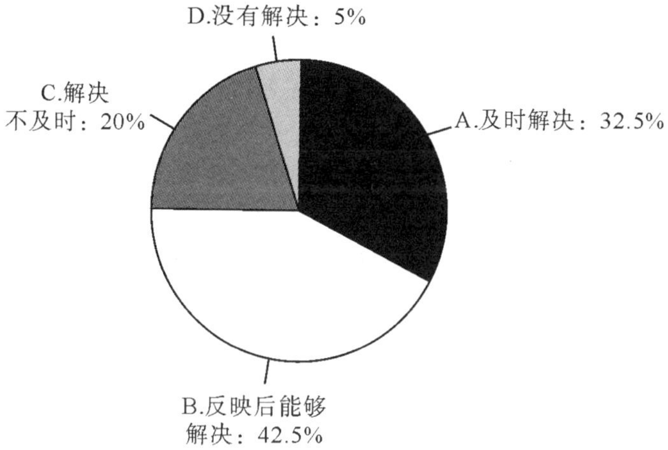

图 4-12　经济发展水平较高的地区某村村党支部解决群众困难的情况

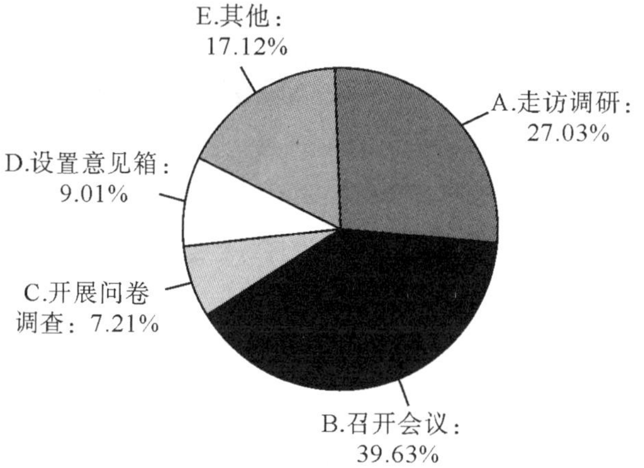

图 4-13　经济欠发达地区某村党支部征求村民的意见和建议的情况

2. 部分农村基层党组织党员干部的服务能力需要进一步提升，开展群众工作的方式方法需要进一步丰富

提升农村基层党组织的服务能力是新时代对农村基层党组织的重要能力要求。在新的历史条件下，广大农村的经济社会快速发展、多元社会思潮对农村党员、群众形成了较大冲击。要巩固农村基层党组织的战斗堡垒作用，夯实党在农村的执政地位，需要持续加强农村基层党组织服务群众的能力。调研中我们发现，村民对村干部工作业绩的评价，欠发达地区村民的满意度为 53.1%，发展水平较高的地区的村民满意度为 42.5%。根据图 4-14 可知，发展水平较

高的地区的村民对基层党组织工作业绩的满意度偏低，认为村干部的工作不合格的比例达到了15%。这也表明，新的时代背景下广大村民的各方面诉求较以前更多，村民对美好生活的现实需要更为强烈，因而农村基层党组织的服务能力和方式方法尚需进一步提升。在深度访谈中我们发现，无论是欠发达地区的行政村还是发展水平较高的地区的行政村同样存在下列行为："部分基层党组织的党员干部不能很好地处理党群关系，缺少和群众之间的沟通，存在'命令主义'和'尾巴主义'的领导行为，不能运用说服、示范、引导的方式引导群众。少数党员干部工作方法简单，习惯于发号施令，不愿意走进群众，不深入实际调研，面对群众的实际困难和诉求，显得束手无策。"①

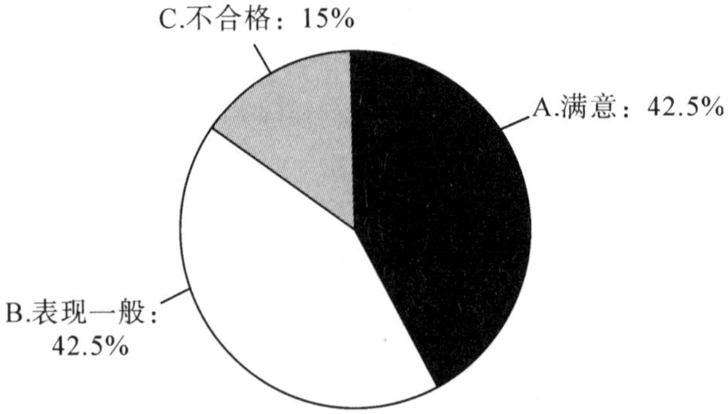

图4-14　经济发展水平较高的地区某村村民对基层党组织工作业绩满意度情况

五、部分农村基层党组织的创新发展力仍需持续提升

随着时代的发展，新事物、新挑战和新问题不断呈现。特别是日新月异的科学技术既给新时代农村基层党组织建设带来了新的发展机遇，也带来了较多的现实挑战。当前5G（第五代通信技术）与AI（人工智能）等不断融合，万物感知、万物互联、万物智能的数字社会正加速到来。新时代推进乡村振兴，广大农村必将建设"数字乡村"，发展"智慧农业"，持续推动基层治理融合路径创新等。因此，在新的历史条件下，提升农村基层党组织的创新发展力显得尤为迫切。调研中我们发现，当前部分农村基层党组织的党员干部的知识水平、能力要求和创新意识无法有效适应时代发展的迫切需要，存在较多亟待解决的现实问题。

---

① 曾士花. 中国共产党村级党组织领导力建设研究［D］. 北京：中共中央党校（国家行政学院），2020：70.

1. 部分农村基层党组织负责人、党员干部的能力素养、待遇保障无法适应新时代乡村振兴的现实需要

乡村振兴首先是产业振兴。有效发展乡村产业需要农村基层党组织的党员干部充分发挥好示范引领作用，需要农村基层党组织的党员干部具备一定的知识技能、胸怀眼界和能力担当等。调研中我们发现，“结对帮扶”和“第一书记”是有效加强乡村建设的良好制度设计。存在的具体问题是，通过“结对帮扶”和“第一书记”临时选派到乡村帮扶的青年干部工作年限一般是1~2年。这些优秀青年干部整合所在单位资源，运用所学知识，结合本地实际发展起来的产业等可能随着他们的帮扶结束而无法再有效推进。在调研中我们得知，当前农村基层党组织建设面临的困难和挑战主要是本土人才不足，年轻党员发展不够，部分村民入党意愿不强。各村的村党支部书记主要是从退伍军人、返乡青年等群体中物色。虽然村两委实施“一肩挑”之后，村党支部书记比之前积极性更高、责任更大，工作量也明显增加；但是村党支部书记的实际待遇却没有实质提升。调研中，个别村党支部书记反映其所在村的幼儿园教师和“一村一辅警”普遍都购买了社会保险，但由于分管单位序列不同，村党支部书记大多没有购买社会保险等，这在一定程度上也影响了村党支部书记的工作态度、发展意识和创新精神。

2. 部分农村基层党组织负责人、党员干部接受的培训提升不够，缺乏集体经济发展能力和新时代农村社会的协同治理能力

调研中我们发现，当前部分地区的农村基层党组织负责人、农村党员干部接受的培训提升不足，村民对村党组织发展集体经济和综合统筹各项乡村建设的信心不够。

在村党支部书记的培训提升方面，呈现出了一种倒挂现象。根据对调研问卷的分析我们发现，经济发展水平较高地区乡镇的7个行政村党支部书记中有6人选择“没有参加过培训”，相反在欠发达地区乡镇的6个行政村党支部书记中却有4人选择“曾参加县乡的相关培训”。在关于村党支部领导集体经济能力方面，由图4-15和图4-16可知，经济发展水平较高地区的村民认为村党组织具有领导集体经济发展的能力的仅占30%，选择“不清楚”和“没有”的比例分别是55%和15%；欠发达地区的村民认为村党组织具有领导集体经济发展的能力的占比为41.59%，选择“不清楚”和“没有”的比例分别是34.52%和23.89%。另外，部分农村基层党组织依然遵循传统管理路径去领导乡村建设，缺乏先进治理理念和服务意识，加之部分农村基层党组织的先进性、纯洁性不足以及“人才荒、本领荒”等现象依然严峻等现实，进一步导

致农村基层党组织自身话语权减小、领导地位变得尴尬和协同引领的权威性消减等问题。

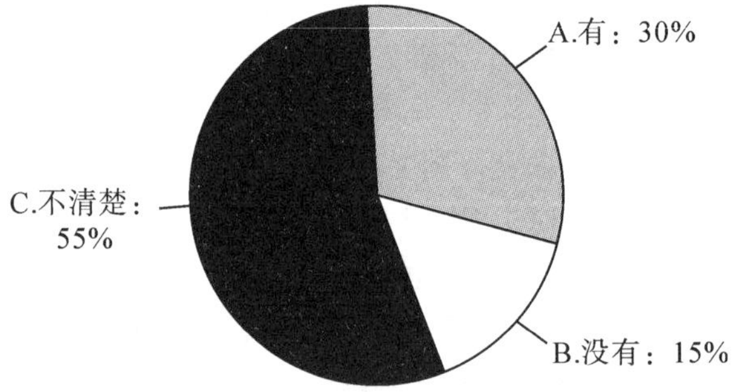

图 4-15　经济发展水平较高的地区的某村村民对村党组织领导集体经济的能力的评价

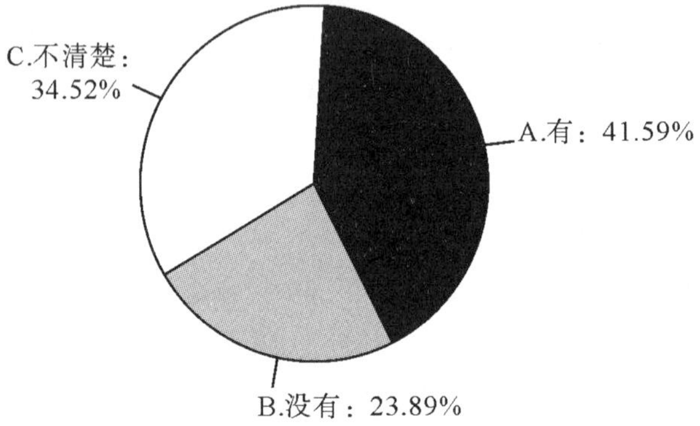

图 4-16　经济欠发达地区某村村民对村党组织领导集体经济的能力的评价

第三节　新时代农村基层党组织组织力建设存在问题的原因

唯物辩证法认为事物的发展是内外因共同起作用的结果，事物的内部矛盾是事物自身运动的源泉和动力，也是事物发展的根本原因。因此，新时代农村基层党组织组织力建设中的诸多问题都不是孤立存在的，农村基层党组织组织力建设存在的具体问题是农村基层党组织自身建设与外部环境相互作用下的结果。这些问题的存在既有农村基层党组织自身建设的内部原因，更有农村基层党组织组织力建设的外部影响和客观制约。

一、外部环境深刻变化是影响新时代农村基层党组织组织力建设的重要因素

新时代农村基层党组织组织力建设不能脱离外部环境进行封闭的建设。只有紧密结合时代发展的现实要求和最新挑战，因地制宜地进行基层党组织的建设，才能取得显著成效。客观而言，部分农村基层党组织的负责人和部分党员干部缺乏紧跟时代发展需要的敏锐意识，部分党员干部因循守旧，创新意识不足。具体体现在：一是绝大部分地区的农村的经济结构和农业经营方式发生了深刻变化，较多农村的传统耕作模式和产业发展模式迅速转型。农村基层党组织亟待根据农村经济结构的快速调整和经营方式的不断变化，及时创新农村基层党组织的设置模式和学习方式等。二是社会资本下乡，新经济组织、新社会组织大量涌现，农村社会利益格局不断调整，农村基层党组织需要迅速适应新的利益格局，充分发挥农村基层党组织的领导核心作用。三是农村劳动力大规模向城市和产业集聚区转移，农村空心化、老龄化现象严重，留守的老人、妇女、儿童客观上影响了农村基层党组织的干部人才储备和各项工作的有序开展。四是返乡青年对传统农业的热情不足，农村没有更多的就业岗位承载部分返乡青年，容易造成一定的社会问题。五是农民法治意识逐渐增强，部分农村基层党组织依靠传统的乡村治理模式容易造成社会问题等。六是部分地区农村的宗教传播和封建迷信依然存在，宗族势力影响较大，农民的思想更容易受到多元冲击。这些外部问题的相互叠加制约了农村基层党组织组织力建设的成效。

二、自身建设导向不明是影响新时代农村基层党组织组织力建设的根本原因

唯物辩证法认为事物的内部矛盾运动是事物发展变化的根本原因。农村基层党组织组织力提升的关键取决于基层党组织自身的建设成效。当前部分农村基层党组织组织力建设存在的具体问题主要归因于农村基层党组织自身建设的导向不明。新时代农村基层党组织组织力建设必须聚焦于进一步巩固党的执政基础，确保党是农村社会治理中的领导核心，发挥党联系农民群众的桥梁纽带功能等。当前部分农村基层党组织在自身建设方面忽略了这些重要功能。具体体现在：一是部分农村基层党组织负责人和农村党员干部未能站在维护党的领导、执行党的决定、确保党的政治功能有效发挥、筑牢夯实党的执政基础的层面推进工作。二是面对多元利益主体，部分农村基层党组织负责人或党员干部缺乏可持续发展意识和群众意识，忽略了要把农村基层党组织始终建设成为领

导农村经济社会发展的核心，不断凸显农村基层党组织的发展功能。三是部分农村基层党组织囿于自身待遇和制约发展等的相关因素，滋生了官僚主义，面对名目繁多的各类工作任务不能进行有效统筹、疲于应付；加之针对农村基层党组织负责人的激励保护机制不健全，进而无法确保农村基层党组织的服务功能得以持续提升。

三、各类问题相互交织是影响新时代农村基层党组织组织力建设的现实症结

唯物辩证法认为，世界上的任何事物和过程都不能孤立地存在，都同前后周围的其他事物和过程相联系；世界上找不到一个和周围世界毫无联系、互不相干的事物或现象。因此，新时代农村基层党组织组织力建设存在的相关问题，既受外部客观宏观环境的影响，也有农村基层党组织自身的原因，这与其他问题相互交织叠加产生作用。当前农村基层党组织组织力建设面临着区域的复杂性、发展的不平衡性、矛盾的特殊性、利益主体的多元性、人才的短缺性、社会思潮的冲击性等多种问题。这些问题盘根错节地纠集在一起，客观上会对不同区域的农村基层党组织组织力建设产生较大影响。其中，在西部欠发达地区，特别是部分经济仍然较为落后的民族地区，农村基层党组织组织力建设存在着较为明显的区域复杂性、发展不平衡性、矛盾特殊性、人才短缺性等相互交织叠加导致的问题。这些地区的农村基层党组织组织力建设较之于其他地区具有相对特殊性，这些区域的农村基层党组织组织力建设存在的现实问题更需要紧密结合当地经济社会发展实际，紧密结合民族传统和区域特色进行不断改进才行。在当前全面推进乡村振兴的历史背景下，较多农村基层党组织还面临着各类矛盾堆积、多元主体利益分割和社会思潮冲击等现实挑战，这些挑战成为影响农村基层党组织组织力提升的现实症结。这些现实症结客观上也影响了新时代乡村振兴战略的实施。因此，新时代农村基层党组织组织力建设需要科学剖析这些症结问题，找出影响农村基层党组织组织力建设的问题根由，进而有效推进新时代乡村全面振兴。

第四章　新时代农村基层党组织组织力建设的主要内容

第一节　新时代农村基层党组织组织力建设的基本原则

新时代农村基层党组织组织力建设既必须在党的领导下、围绕完成党在农村的中心工作而展开，也需要遵循党的建设的科学原理和工作方法，正确处理好重点与全面、理想与现实、现在与未来的关系。因此，新时代农村基层党组织组织力建设必须坚持党的领导、坚持党管农村工作这一根本原则，坚持党要管党、全面从严治党的原则，坚持围绕中心、服务大局的原则，坚持突出重点、整体推进的原则，坚持立足实际、实事求是的原则，坚持与时俱进、开拓创新的原则。

一、坚持党要管党、全面从严治党的原则

新时代农村基层党组织组织力建设坚持党要管党、全面从严治党的原则是推动全面从严治党向基层延伸的必然要求。在百年奋斗历程中，党始终高度重视管党治党、不断推进自我革命，这是党克服一个又一个困难、取得一个又一个胜利的重要经验。随着中国特色社会主义进入新时代，全面从严治党已经成为党治国理政的一个鲜明特征①。新时代农村基层党组织组织力建设，必须将一切损害党的先进性和纯洁性的因素从农村消除掉，把一切侵蚀党的健康肌体的病毒从农村清除掉，在农村大力营造风清气正的政治生态，以农村党组织的强大正能量凝聚起推动农村全面发展进步的磅礴伟力，在农村以党的自我革命

① 王虎学，张梦圆. 全面从严治党是新时代党治国理政的一个鲜明特征［J］. 先锋，2020（5）：14-16.

推动伟大的社会革命。

农村基层党组织组织力建设在推动全面从严治党在农村落地过程中发挥着重要作用。就党群关系而言，党的农村基层组织是与农村群众直接发生联系的党的组织体系的工作界面，是农村党群关系的接合部，对于树立起党在农村群众中的良好形象、公信力具有不可替代的重要地位。习近平总书记指出："要建立严密的基层党组织工作制度，推动服务群众、做群众工作制度化、常态化、长效化，把基层党组织的工作重心转到服务发展、服务民生、服务群众、服务党员上来，使基层党组织领导方式、工作方式、活动方式更加符合服务群众的需要。"① 新时代农村基层党组织组织力建设必须严明党的纪律，密切党群关系，增强践行群众路线的自觉性，提升党的公信力，提高党的群众组织力。

就党的组织体系而言，农村基层党组织是党在农村全部工作和战斗力的基础，坚持党的领导和党为了更好地领导新时代农村工作都必然要求推动全面从严治党向农村基层延伸。习近平总书记指出："一个松松垮垮、稀稀拉拉的组织是不能干事、也干不成事的。如果党组织像个大车店、大卖场一样，想来就来，想走就走，那还能有什么核心力量？还能把广大人民群众团结在党的周围吗？要好好抓一抓组织纪律，加强全党的组织纪律性。"② 新时代农村基层党组织组织力建设必须严密党的组织体系，实现党组织和党的工作在农村基层全覆盖，改变部分地方存在的管党治党"宽、松、软"的现状，为实现党中央对党的组织体系"如臂使指"打下基础。

就农村工作干部而言，党的农村基层党组织及其党员干部起着重要的带头作用和模范作用。新时代农村基层党组织组织力建设要在坚持党管干部的基本原则下，提高农村党员干部的先进性，以全面从严治党带动提升对整个农村工作队伍的监督管理。习近平总书记指出："要加强对农村基层干部队伍的监督管理，严肃查处侵犯农民利益的微腐败，给老百姓一个公道清明的乡村。要把农民群众关心的突出问题作为纪检监察工作的重点，继续紧盯惠农项目资金、集体资产管理、土地征收等领域的突出问题，持之以恒正风肃纪。针对扶贫领域腐败和作风问题，部署开展专项治理。严惩横行乡里、欺压百姓的黑恶势力及充当保护伞的党员干部，廓清农村基层政治生态。"③

---

① 中共中央文献研究室. 十八大以来重要文献选编：上［M］. 北京：中央文献出版社，2014：352.

② 习近平. 论坚持党对一切工作的领导［M］. 北京：中央文献出版社，2019：47.

③ 习近平. 论坚持全面深化改革［M］. 北京：中央文献出版社，2018：408.

二、坚持围绕中心、服务大局的原则

新时代农村基层党组织组织力建设坚持围绕中心、服务大局原则是党建与中心工作关系的必然要求。党的建设通过将党建成一个坚强的、团结的、统一的整体从而提高党的领导水平和执政能力，进而为实现政治路线和完成中心任务服务。

一方面，围绕中心、服务大局是新时代农村基层党组织组织力建设的最终指向。农村基层党组织组织力建设并不是单纯把党组织建好建强的问题，如果建好了只是“空转”和“虚转”，那也只是为了党建而党建，无法转化为对农村工作的整体推进。农村基层党组织组织力建设必须处理好抓党建与保安全、促发展和优治理的关系，推进党建要确保农村政治安全，通过抓党建促发展，强化党建引领农村基层治理。要做到围绕中心、服务大局，农村基层党组织组织力建设就必须充分发挥“组织优势、组织功能、组织力量，既保证党中央决策部署落实落地，又在完成任务过程中使自身得到加强，不断提高威信、提升影响”①。

另一方面，中心任务的完成情况是检验农村基层党组织组织力水平的标尺。习近平总书记指出：“基层党组织组织能力强不强，抓重大任务落实是试金石，也是磨刀石。”② 在乡村振兴战略中狠抓落实的情况是检验农村基层党组织组织力的试金石，新时代农村基层党组织的组织力也必将在推进乡村全面振兴中得到磨砺和锻炼，从而进一步提升农村基层党组织在推动农村科学发展、带领农民致富、密切联系群众、维护农村稳定中的坚强战斗堡垒作用。

总之，新时代农村基层党组织组织力建设必须以正确处理好党建与中心工作的关系为前提，不能搞成“两张皮”，既要树立大局意识，坚持党建服务中心的原则，又要“坚持党建工作和中心工作一起谋划、一起部署、一起考核”③。农村基层党建工作要以提升组织力为重点，提升组织力建设对增加农民收入、乡村振兴等中心工作的支撑度，提升组织力建设对农村经济社会发展大局的贡献度。反过来，党在农村的中心工作是农村基层党组织的革命性锻造的熔炉，完成中心任务也是锤炼和铸就坚强农村基层党组织的必由之路。正如习近平总书记指出的那样：“提高党的建设质量，既要坚持和发扬我们党加强自身建设形成的优良传统和成功经验，又要根据党的建设面临的新情况、新问

① 中央党校党建部．基层党建工作手册［M］．北京：人民出版社，2019：258.
② 习近平．在全国组织工作会议上的讲话［M］．北京：人民出版社，2018：14.
③ 习近平．在全国组织工作会议上的讲话［M］．北京：人民出版社，2018：4.

题大力推进改革创新，用新的思路、举措、办法解决新的矛盾和问题。”①

三、坚持突出重点、整体推进的原则

新时代农村基层党组织组织力建设坚持突出重点、整体推进的原则是唯物辩证法的必然要求。唯物辩证法原理告诉我们，在研究复杂事物的矛盾时，一方面，矛盾有主次之分。因此要学会抓住重点，集中力量解决主要矛盾。另一方面，主要矛盾与次要矛盾相互影响，在一定条件下还会相互转化。因此，既要抓住主要矛盾，又要抓住次要矛盾；既要抓住矛盾的主要方面，又要抓住矛盾的次要方面。新时代农村基层党组织组织力建设实践中也存在着主要矛盾与次要矛盾之分，二者的辩证关系决定了必须坚持突出重点、整体推进的原则。突出重点就是抓主要矛盾，“什么问题突出就着重解决什么问题，什么问题紧迫就抓紧解决什么问题”②，整体推进就是要推动农村基层党组织组织力建设全面进步、全面过硬，不能有明显短板。不突出重点，新时代农村基层党组织组织力建设的局面就难以打开；不整体推进，新时代农村基层党组织组织力建设工作就难以全面进步。因此，新时代农村基层党组织组织力建设必须以问题为导向，针对重点问题进行针对性突破，不断提升农村基层党组织组织力建设水平。

新时代农村基层党组织组织力建设必须在解决自身存在的突出问题的基础上提升整体组织力水平。要按照《中国共产党组织工作条例》关于“要完善上下贯通、执行有力的组织体系，实现党的组织和党的工作全覆盖，不断增强党的政治领导力、思想引领力、群众组织力、社会号召力”的要求，在党建中树立大抓基层党组织建设的鲜明导向，强化基层党组织政治功能，提升基层党组织的组织力。但农村基层党组织的组织力建设自身存在不少问题。习近平总书记指出：“一些农村基层党组织软弱涣散，村干部队伍青黄不接、后继乏人，少数干部作风不实、优亲厚友，‘小官巨贪’时有发生，对惠农项目资金‘雁过拔毛’的‘微腐败’也不同程度存在。”③针对这些突出问题，要严格执行《中国共产党农村工作条例》，各级党委一要“认真履行农村基层党建主体责任，坚持抓乡促村，选优配强村党组织书记，整顿软弱涣散村党组织，加强党内激励关怀帮扶，健全以财政投入为主的稳定的村级组织运转经费保障制

---

① 习近平．在全国组织工作会议上的讲话［M］．北京：人民出版社，2018：16.

② 习近平．习近平谈治国理政：第一卷［M］．北京：外文出版社，2018：374.

③ 中共中央党史和文献研究院．习近平关于“三农”工作论述摘编［M］．北京：中央文献出版社，2019：9.

度，持续加强基本队伍、基本活动、基本阵地、基本制度、基本保障建设”。二要“推动全面从严治党向基层延伸，深入推进农村党风廉政建设，加强农村纪检监察工作，把落实农村政策情况作为巡视巡察重要内容，建立健全农村权力运行监督制度，持续整治侵害农民利益的不正之风和群众身边的腐败问题”。

新时代农村基层党组织组织力建设围绕解决农村工作面临的突出问题开展，由此提升党对农村工作的领导水平。习近平总书记指出：“当前农业基础还比较薄弱，农民年龄知识结构、农村社会建设和乡村治理方面存在的问题则更为突出。”① 例如，农村社会管理面临的突出矛盾和问题主要有：“一是许多农村出现村庄空心化、农民老龄化现象，据推算，农村留守儿童已超过六千万，留守妇女达四千七百多万，留守老年人约有五千万。维护好这些群众合法权益是一件大事。二是农村利益主体、社会阶层日趋多元化，各类组织活动和诉求明显增多。三是农村教育、文化、医疗卫生、社会保障等社会事业发展滞后，基础设施不完善，人居环境不适应，还有近一亿人属于扶贫对象。四是农村治安状况不容乐观，一些地方违法犯罪活动仍然不少，黑恶势力活动时有发生，邪教和利用宗教进行非法活动的情况仍然存在。五是一些地方干部和群众关系紧张，侵害农民合法权益的事件仍时有发生。一些地方基层民主管理制度不健全，农村基层党组织软弱涣散，公共管理和社会服务能力不强。这些都对农村社会管理提出了新要求。”② 新时代农村基层党组织组织力建设必须要能有效回应解决上述突出问题对党组织组织力的客观要求。与此同时，农村工作是一个有机整体，除了当前面临的突出问题外，农村工作的其他方面也要整体推进，避免优势和长项变成短板和弱项。总之，新时代农村基层党组织组织力建设要坚持党对农村工作的全面领导，确保党在农村工作中总揽全局、协调各方。

四、坚持立足实际、实事求是的原则

新时代农村基层党组织组织力建设坚持立足实际、实事求是的原则是马克思主义政党思想路线的必然要求。“实事求是”是毛泽东思想活的灵魂之一，“是马克思主义的根本观点，是中国共产党人认识世界、改造世界的根本要

---

① 中共中央党史和文献研究院. 习近平关于“三农”工作论述摘编［M］. 北京：中央文献出版社，2019：8.

② 中共中央文献研究室. 十八大以来重要文献选编：上［M］. 北京：中央文献出版社，2014：681.

求，是我们党的基本思想方法、工作方法、领导方法”①。《中国共产党章程》的总纲部分明确规定了党的思想路线：一切从实际出发，理论联系实际，实事求是，在实践中检验真理和发展真理。新时代农村基层党组织组织力建设必须贯彻中国共产党的思想路线，从农村基层党组织组织力不强的实际问题出发，尊重党的建设的科学规律，瞄准组织力建设中的现实问题实施靶向治理。习近平总书记指出：“党的队伍和自身状况发生重大而深刻的变化，迫切要求提高党的建设质量、增强党组织的政治功能和组织功能。”② 就农村基层党组织而言，一些农村党员存在失联、素质偏低、对党史和党的理论掌握不多、对党的理想信念宗旨理解不深等问题，部分农村基层党组织的组织生活形式化、随意化、娱乐化、庸俗化等问题较为突出，这些问题严重影响了新时代农村基层党组织组织力提升，是组织力建设必须加以解决的实际问题。

新时代农村基层党组织组织力建设必须解决当前农村基层党组织建设面临的实际问题。作为党在农村的最基本组织，农村党支部要担负好直接教育党员、管理党员、监督党员和组织群众、宣传群众、凝聚群众、服务群众的职责，引导广大农村党员在乡村振兴和农村现代化中发挥先锋模范作用，着力解决党组织和党员脱离群众的问题。农村基层党组织要坚持“三会一课”制度，不断创新组织设置和活动方式，持续扩大基层党组织覆盖面，加强农村基层党组织带头人队伍建设，着力解决农村一些基层党组织弱化、虚化、边缘化的问题。要扩大党内基层民主，推进党务公开，坚持党员主体地位，保障党员民主权利，畅通农村党员参与党内事务、监督党的组织、向上级党组织提出意见和建议的渠道，着力提升农村基层党组织的民主水平。要注重从返乡大学生、青年致富带头人、农民企业家中和在集体经济组织、社会组织中发展党员，为农村基层党组织补充新鲜血液，着力改善农村基层党组织党员结构。要增强党员教育管理针对性和有效性，稳妥有序地开展不合格党员组织处置工作，着力提升农村基层党组织党员的政治素质和先进性水平。

新时代农村基层党组织组织力建设要解决农村基层党建的实际问题，就必须践行好群众路线。要在党组织内部和党与群众之间都积极走好群众路线这一党的根本工作路线。民主集中制原则是群众路线在党内的体现，农村基层党组织组织力建设要坚持民主集中制原则，广聚党员智慧，通过民主集中制发现组织力建设面临的问题及制定对策，把自身建设成为一个坚强的整体。新时代农

① 习近平. 习近平谈治国理政：第一卷［M］. 北京：外文出版社，2018：67.

② 中共中央文献研究室. 习近平关于全面从严治党论述摘编［M］. 北京：中央文献出版社，2021：234.

村基层党组织组织力建设要坚持开门搞组织力建设，相信群众、依靠群众、聚集群智，发现组织力建设面临的问题和寻求组织力建设的出路都要做到从群众中来、到群众中去，将农村群众的监督作为农村基层党组织组织力建设的重要动力，将群众的评价作为农村基层党组织组织力建设成效的重要判别标准。正如习近平总书记指出的那样：要“教育引导党员、干部深入实际、深入基层、深入群众，坚持民主集中制，虚心向群众学习，真心对群众负责，热心为群众服务，诚心接受群众监督”①。

五、坚持与时俱进、开拓创新的原则

新时代农村基层党组织组织力建设坚持与时俱进、开拓创新的原则是党组织永葆旺盛生命力和强大战斗力的必然要求。在中国共产党的百年奋斗历程中，坚持开拓创新是一条宝贵经验。党的十九届六中全会指出：“越是伟大的事业，越充满艰难险阻，越需要艰苦奋斗，越需要开拓创新。党领导人民披荆斩棘、上下求索、奋力开拓、锐意进取，不断推进理论创新、实践创新、制度创新、文化创新以及其他各方面创新，敢为天下先，走出了前人没有走出的路，任何艰难险阻都没能阻挡住党和人民前进的步伐。”中国共产党要继续带领全国各族人民创造更大的辉煌，必然需要与时俱进、开拓创新，永不僵化、永不停滞。随着经济社会环境的变化，新时代农村基层党组织组织力建设的外部环境、问题挑战、目标指向都发生了变化，建设战略、策略、战术必然需要与时俱进和开拓创新。一方面，我国历史性地消除了绝对贫困，农村经济社会发展翻开崭新一页，农村进入现代化轨道，这对农村基层党组织组织力建设提出了新挑战、新要求。另一方面，长期执政的中国共产党面临的“四大考验”和“四种危险”在农村都有不同程度的存在，农村也存在诸多影响党的先进性和纯洁性的因素，“一些老问题反弹回潮的因素依然存在，实践中还在出现一些新情况新问题”②，这是持续摆在农村基层党组织组织力建设面前的难题。

坚持与时俱进、开拓创新的原则要求新时代农村基层党组织组织力建设必须守正创新。一方面，要发扬党在各个历史时期形成的优良传统。习近平总书记指出：“我们党历来有一个好办法，就是组织起来。”③在百年奋斗历程中，“中国共产党形成了一系列加强自身建设的优良传统，诸如严密的组织性、严

---

① 习近平. 习近平谈治国理政：第一卷［M］. 北京：外文出版社，2018：374.

② 习近平. 在全国组织工作会议上的讲话［M］. 北京：人民出版社，2018：8.

③ 中共中央文献研究室. 习近平关于社会主义政治建设论述摘编［M］. 北京：中央文献出版社，2017：134.

明的纪律性、严格的组织生活、充分发扬党内民主等；基层党组织也在实践探索中创造出一系列加强自身建设的成功经验，诸如党员联系群众、主题党日活动、支部标准化建设等。这些都是基层党组织强大组织力的来源”①。新时代农村基层党组织通过发扬优良传统，有效组织群众、动员群众，将强大的组织力投入农村改革发展之中，“积极地把组织资源转化为推动改革发展的资源，把组织优势转化为推动改革发展的优势，把组织活力转化为推动改革发展的活力”②，充分发挥农村基层党组织在实施乡村振兴战略和推动农村现代化过程中的战斗堡垒作用。另一方面，要创新解决当前农村基层党组织组织力建设面临的问题。随着城市化的展开、信息化的普及、我国发展阶段和发展战略的历史性变化，以及行政区划调整、自然村衰落、人口减少、大量党员到外地工作、党员群众受教育水平提升等具体的变化，新时代农村基层党组织组织力建设面临的问题与改革开放初期的情况已经大不相同。因此，必须创新新时代农村基层党组织组织力建设的手段和形式，充分发挥党的组织体系优势和领导优势，借助新的技术手段实现对党员群众的有效组织，“不断增强党的政治领导力、思想引领力、群众组织力、社会号召力，把党员组织起来，把人才凝聚起来，把群众动员起来”③。

第二节　新时代农村基层党组织组织力建设的根本目标

党的十九大报告指出：“党的基层组织是确保党的路线方针政策和决策部署贯彻落实的基础。”在党的领导下，新时代加强农村基层党组织组织力建设，旨在为巩固党在农村的执政基础和完成党在农村的中心工作服务。因此，新时代农村基层党组织组织力建设必须明确自身的目标指向，不能陷入“盲动主义”，必须服务于加强党的领导和夯实党的执政基础，必须服务于乡村全面振兴和农业农村现代化，必须服务于乡村治理体系和治理能力现代化，确保农村基层党组织在农村各项工作中发挥战斗堡垒作用。

---

① 李毅弘，孙磊．习近平关于基层党组织建设的重要论述探析［J］．思想理论教育导刊，2020（9）：33-37.

② 郑琦，陶周颖．学习习近平关于基层党组织建设的重要论述［J］．党的文献，2019（4）：16-23.

③ 习近平．在全国组织工作会议上的讲话［M］．北京：人民出版社，2018：12.

一、巩固和加强党在农村的执政基础

新时代农村基层党组织组织力提升的要求来自坚持党的执政地位、提高党的执政能力、扩大党的执政基础的现实需要。基础不牢，地动山摇。中国共产党始终高度重视执政治国的基础，一个长期执政的党必须不断夯实其执政基础。习近平总书记指出："'欲筑室者，先治其基。'基层党组织是党执政大厦的地基，地基固则大厦坚，地基松则大厦倾。"① 农村基层党组织是党在农村的执政大厦的地基。习近平总书记指出："要加强农村基层党组织建设，把党组织建设成为推动科学发展、带领农民致富、密切联系群众、维护农村稳定的坚强战斗堡垒。要扩大农村党组织和党的工作覆盖面，加大培养青年党员力度，提高基层党组织为群众服务意识，夯实党在农村的执政基础。"② 上述重要论述充分说明了农村基层党组织在党的整个组织体系中的重要地位和在党领导的农村工作中的重要地位。正如习近平总书记所强调的那样："巩固党的执政基础，必须把基层基础夯实。我国的治理，基本单元是县（市、区），基层基础在乡镇（街道）和村（社区）。"③ 因此，新时代农村基层党组织组织力建设必须要能满足巩固和加强党在农村的执政基础的需要，要能促进党在农村执政基础的巩固和加强。

党的执政基础是一个涵括力极强的概念，包括思想基础、组织基础、群众基础、制度基础等众多内容。巩固和加强党在农村的执政基础主要是通过提升农村基层党组织的组织力和突出其政治功能，夯实党在农村执政的思想基础，巩固党在农村执政的组织基础，提升党在农村执政的群众基础，完善党在农村执政的制度基础。农村基层党组织要采取灵活多样的形式，充分结合农村群众的特点，开展思想政治引领，在农村推动习近平新时代中国特色社会主义思想入脑入心，以强大的思想引领力增进农村群众对中国共产党执政的思想认同。要加强农村基层党组织网络建设，加强党组织带头人和党员队伍建设，持续整顿软弱涣散的党组织，不断规范党组织生活，充分发挥农村基层党组织对基层政权、基层自治组织、集体经济组织等农村政治社会组织的领导作用，发挥党员在农村群众中的先锋模范作用，以强大的群众组织力打牢中国共产党执政的

① 习近平. 论坚持党对一切工作的领导［M］. 北京：中央文献出版社，2019：260.

② 中共中央文献研究室. 十八大以来重要文献选编：上［M］. 北京：中央文献出版社，2014：684.

③ 中共中央文献研究室. 习近平关于全面从严治党论述摘编［M］. 北京：中央文献出版社，2021：229.

组织基础。要提升农村党员的先进性，使农村党员保持密切联系群众的优良作风，树立群众观点，践行群众路线，围绕农村群众最关心、最直接、最现实的问题，积极为农村群众办实事、解难事，进一步提升农村群众获得感、幸福感、安全感，在农村为党的执政打下坚实的民意基础和民心基础。要推动制度治党向农村基层延伸，推动自治、德治和法治在农村基层有机融合，以农村基层党组织引领村规民约的完善，注重培养农村群众遵守制度的意识，促进党规、国法、村规民约之间在农村基层的有机衔接，不断健全党在农村执政的制度体系。

习近平总书记指出："农村工作千头万绪，抓好农村基层组织建设是关键。无论农村社会结构如何变化，无论各类经济社会组织如何发育成长，农村基层党组织的领导地位不能动摇、战斗堡垒作用不能削弱。"① 新时代农村基层党组织组织力建设，要通过巩固和加强党在农村的执政基础以确保农村基层党组织的领导地位和战斗堡垒作用。

二、助力推进新时代乡村全面振兴

乡村振兴战略是中国共产党领导的中国特色社会主义事业"五位一体"总体布局和"四个全面"战略布局在"三农"领域的具体展开。"三农"问题是关系国计民生的根本性问题，解决"三农"问题是中国共产党全党工作的重中之重。党的十九大报告首次提出实施乡村振兴战略，并对乡村振兴的总目标、总方针、总要求和制度保障进行了明确阐述："要坚持农业农村优先发展，按照产业兴旺、生态宜居、乡风文明、治理有效、生活富裕的总要求，建立健全城乡融合发展体制机制和政策体系，加快推进农业农村现代化。"② 党的十九大报告还就农村基本经营制度、农地制度、集体产权、粮食安全、现代农业产业体系、农村基层治理等提出了明确要求。在乡村振兴战略的总要求中，要"以产业兴旺为重点、生态宜居为关键、乡风文明为保障、治理有效为基础、生活富裕为根本，推动农业全面升级、农村全面进步、农民全面发展"③。

中国共产党是乡村振兴战略的提出者，也是实施乡村振兴战略的坚强领导

---

① 中共中央党史和文献研究院. 习近平关于"三农"工作论述摘编［M］. 北京：中央文献出版社，2019：185.

② 习近平. 决胜全面建成小康社会 夺取新时代中国特色社会主义伟大胜利：在中国共产党第十九次全国代表大会上的报告［M］. 北京：人民出版社，2017：32.

③ 习近平. 论坚持全面深化改革［M］. 北京：中央文献出版社，2018：394-395.

核心，这要求强化新时代农村基层党组织的组织力建设。“办好农村的事情，实现乡村振兴，关键在党”①。乡村全面振兴是新时代中国共产党农村工作的中心任务，是中国共产党所设定的分两步走基本实现现代化和建设现代化强国目标任务在乡村的具体展开。只有提高党的农村基层组织组织力建设质量，才能为新时代乡村全面振兴提供坚强的政治和组织保证。

首先，只有不断提升新时代农村基层党组织组织力，才能把握好乡村振兴的政治方向。坚持集体所有制和走共同富裕道路，离不开党的坚强领导。充分发挥党的领导的政治优势，实施五级书记抓乡村振兴，也离不开党的坚强领导。用好“改革”这一乡村振兴的重要法宝，推进农村改革“扩面”“提速”和“集成”等，离不开党的坚强领导。新时代农村基层党组织强大的组织力是党能够引领乡村振兴的政治方向的根本保证。

其次，只有不断提升新时代农村基层党组织组织力，才能为乡村振兴打下组织基础。新时代农村基层党组织组织力建设是乡村振兴中“组织振兴”的基本内容，也是推进乡村其他组织振兴的关键因素。习近平总书记指出：“要推动乡村组织振兴，打造千千万万个坚强的农村基层党组织，培养千千万万名优秀的农村基层党组织书记，深化村民自治实践，发展农民合作经济组织，建立健全党委领导、政府负责、社会协同、公众参与、法治保障的现代乡村社会治理体制，确保乡村社会充满活力、安定有序。”②

最后，只有不断提升新时代农村基层党组织组织力，才能为乡村振兴提供干部人才保障。习近平总书记指出：“面对新时代农村工作的任务和要求，当前党领导‘三农’工作的体制机制、干部队伍、农村基层组织还不能很好适应。在一些地方，对党管农村工作重要性的认识淡漠了，党管农村工作的原则放松了、力度削弱了。干部队伍中，愿意做农村工作的少了，会做农村工作的更少了，不少干部对农业农村情况不够了解，讲农村、讲农业内行话不多，有的听不懂农民的话，对农民的感情不深。一些新上任的领导干部，没有‘三农’工作经验，缺乏领导农村工作本领。这种状况不改变，就会影响到乡村振兴战略的有效实施。”③ 因此，只有加强新时代农村基层党组织组织力建设，

① 中共中央党史和文献研究院. 习近平关于“三农”工作论述摘编［M］. 北京：中央文献出版社，2019：190.

② 中共中央党史和文献研究院. 习近平关于“三农”工作论述摘编［M］. 北京：中央文献出版社，2019：193.

③ 中共中央党史和文献研究院. 习近平关于“三农”工作论述摘编［M］. 北京：中央文献出版社，2019：191.

才能为乡村振兴提供党员干部的力量，才能以农村基层党组织为核心团结一切可以团结的力量形成一支强大的农村工作队伍，才能发挥农村基层党组织和党员的带动作用，改善干群关系，发挥农民作为乡村振兴主体的作用。习近平总书记指出："村党支部要成为帮助农民致富、维护农村稳定、推进乡村振兴的坚强战斗堡垒。"①

三、助力推进国家治理体系和治理能力现代化

农村改革是全面深化改革的重要内容，农村治理体系和治理能力现代化是农业农村现代化的重要维度。三十年前，邓小平提出，再有三十年的时间，我们才会在各方面形成一整套更加成熟、更加定型的制度②。党的十八届三中全会提出，全面深化改革的总目标是完善和发展中国特色社会主义制度，推进国家治理体系和治理能力现代化。"国家治理体系和治理能力现代化"首次出现在党的文件之中。党的十九届四中全会做出了关于坚持和完善中国特色社会主义制度、推进国家治理体系和治理能力现代化若干重大问题的决定，提出了推进国家治理体系和治理能力现代化的重大意义和总体要求，强调了国家治理体系和治理能力是中国特色社会主义制度及其执行能力的集中体现③。国家治理体系是在党领导下管理国家的制度体系，国家治理能力则是运用国家制度管理社会各方面事务的能力④。农村制度、农村村民自治制度、农村基本经营制度、农村土地制度、"三权"分置制度、农村集体产权制度、农业支持保护制度、农村宅基地制度等方面的改革是全面深化改革的重要内容，也是实现农业农村现代化的必然要求。

首先，推进国家治理体系和治理能力现代化，关键在党。党的建设制度改革既是全面深化改革的重要内容，也是实现全面深化改革目标、实现国家治理体系和治理能力现代化的重要政治保证。2014 年，中共中央政治局审议通过了《深化党的建设制度改革实施方案》，在全面深化改革的总体部署下，专门就党的建设制度改革做出部署。这既是因为国家治理体系和治理能力现代化内含党的建设制度体系和制度执行能力的现代化，也是因为党的建设制度改革成

---

① 习近平. 在湖北考察时的讲话［N］. 人民日报，2018-04-29（1）.

② 邓小平. 邓小平文选：第三卷［M］. 北京：人民出版社，1993：372.

③ 中国共产党第十九届中央委员会第四次全体会议文件汇编［M］. 北京：人民出版社，2019：77.

④ 习近平. 论坚持全面深化改革［M］. 北京：中央文献出版社，2018：46.

功与否直接关系到全面深化改革能否成功①。该实施方案强调深化党的基层组织建设制度改革，重点是完善各领域基层党组织建设制度、创建基层服务型党组织、完善党员队伍建设制度，这些都对国家治理现代化具有重要意义②。其次，党要推进农业农村现代化，特别是农村治理体系和治理能力现代化，党的农村基层组织必须有强大的组织力。党管农村工作是我们的传统。在各类组织各有其位、各司其职的现代化农村组织体系中，建立和完善以党的基层组织为核心、村民自治和村务监督组织为基础、集体经济组织和农民合作组织为纽带、各种经济社会服务组织为补充的农村组织体系③。习近平总书记强调："农村基层党组织是农村各个组织和各项工作的领导核心，要强化农村基层党组织职能，把农村基层党组织建设成为宣传党的主张、贯彻党的决定、领导基层治理、团结动员群众、推动改革发展的坚强战斗堡垒。"④软弱涣散、虚化、弱化、边缘化的农村基层党组织根本无法有效推进乡村全面振兴，无法有效推进农业农村现代化，更加无法有效助力国家治理能力和治理体系现代化的实现。因此，加强农村基层党组织组织力建设是推进国家治理能力现代化的题中之义。

第三节　新时代农村基层党组织组织力建设的重点任务

党的十九大报告指出："要以提升组织力为重点，突出政治功能，把企业、农村、机关、学校、科研院所、街道社区、社会组织等基层党组织建设成为宣传党的主张、贯彻党的决定、领导基层治理、团结动员群众、推动改革发展的坚强战斗堡垒。"为新时代农村基层党组织组织力建设明确指出了五个方面的重点任务。这些重点任务，是党章对党员和基层党组织的基本要求，是党百年奋斗历史经验的生动体现，是新时代农村基层党组织组织力建设的现实需要。

---

① 丁俊萍. 党的制度建设和党的建设制度改革之关联［J］. 探索，2015（1）：65-71.

② 邱浩航. 深化党的建设制度改革与国家治理现代化［J］. 特区实践与理论，2015（1）：5-8.

③ 仲祖文. 以推进村务监督为重点加快完善乡村治理机制［N］. 人民日报，2015-06-22（2）.

④ 中共中央党史和文献研究院. 习近平关于"三农"工作论述摘编［M］. 北京：中央文献出版社，2019：189.

一、宣传党的主张

1. 宣传党的主张是农村基层党组织的优良传统

中国共产党从成立以来，就非常重视通过基层党组织宣传党的主张这项工作。在中国共产党成立初期，党的领导人普遍认识到对农民宣传党的主张的重要性。恽代英在《我们现在应该如何努力?》中指出："我们现在要向田间去，要向农民社会里去，要使一般农民觉醒；农民哪一天觉醒，改造的事业便是哪一天成功。"1924 年 9 月《中央通告第十七号》中提出"本党各级组织在接到此通告之后，应立即下令所有党员开始活动，万勿因循放弃此次宣传绝好机会"，通过基层党组织宣传反对江浙军阀战争。在这一时期，基层党组织宣传党的主张主要集中在党的性质，党的奋斗目标和党对时局的认识、看法等方面。

新中国成立以后，党进一步重视宣传党的主张的工作，并在各级组织中建立了相关机制。1951 年《中共中央关于在全党建立对人民群众的宣传网的决定》中规定，在党的每个支部设立宣传员，在党的各级领导机关设立报告员，并建立相关工作制度。这一制度极大地加强了农村基层党组织宣传党的主张的能力，对让广大农民了解党的政策、破除封建迷信、批驳反动言论、鼓励学习科学文化知识等起到了非常重要的作用，巩固了新生的人民政权，为社会主义建设初步奠定了基础。

改革开放以后，随着宣传党的主张、解放思想的需要，党进一步加强了农村基层党组织在宣传方面的建设。1980 年中宣部发出《关于加强当前农村宣传工作的几点意见》，强调要"建立一支由报告员、辅导员和宣传员等组成的基层群众宣传队伍，使基层宣传工作经常化和制度化"。1983 年 1 月 20 日，《中共中央关于加强农村思想政治工作的通知》，进一步明确了农村基层党组织在农村思想政治工作的任务是宣传党的主张和战略。

中国特色社会主义进入新时代，农村建设和农村基层党组织建设都取得了明显成就，其中对党的主张的宣传是一以贯之的。2019 年中共中央印发了《中国共产党农村基层组织工作条例》，在有关乡镇党委和村党组织的职责的叙述中明确指出了"宣传和贯彻执行党的路线方针政策"，并在"精神文明建设"章节详细阐述了农村基层党组织宣传党的主张的具体内容。

2. 宣传党的主张是新时代农村基层党组织组织力建设的现实需要

宣传党的主张，是新时代农村基层党组织组织力的现实需要，具体表现为宣传党的主张能够进一步提升农村基层党组织的政治领导力、思想引领力、群众组织力和社会号召力。

宣传党的主张能进一步提升新时代农村基层党组织的政治领导力。通过宣传党的政治纲领和政治路线，让广大的农民进一步理解“什么是中国共产党”“中国共产党为什么能”这些基本问题，能够进一步彰显党的政治属性，坚定农村党员干部和人民群众“听党话”“跟党走”的信心和决心，从而提升农村基层党组织的政治领导力。

宣传党的主张能够进一步提升新时代农村基层党组织的思想引领力。为了解决新时代经济社会发展不平衡不充分尤其是城乡发展不平衡的现实问题，党中央采取了一系列措施，做出了一系列决策来解决城乡发展的二元结构问题，推出了精准扶贫、乡村振兴等一系列国家战略。要做好这些工作，统一思想是关键。通过宣传党的主张，能够更有效地引领广大农民统一思想、凝聚力量、坚定信心走中国特色社会主义乡村振兴道路。

宣传党的主张能够进一步提升新时代农村基层党组织的群众组织力。农村基层党组织要组织起群众，就首先要给群众讲清楚党的主张、方针、政策，尤其是结合农村群众的特点和需求，讲清楚党的主张是什么、为什么和怎么办等关键问题，引导农村群众了解党组织、信任党组织和拥护党组织。

宣传党的主张能够进一步提升新时代农村基层党组织的社会号召力。农村基层党组织宣传党的主张要注重将创新载体和传统媒体有机结合，要充分结合数字中国建设的资源优势，运用新媒体、新技术创新宣传动员手段；更要注重运用传统宣传手段和宣传载体凸显党的路线方针政策，努力在社会层面提升广大农民对党的主张的了解和接受程度，推进马克思主义大众化，能够让广大农民更加了解党、拥护党，提升基层党组织的组织力。

3. 新时代农村基层党组织宣传党的主张的主要内容

新时代农村基层党组织宣传党的主张，主要是凸显党的政治性，宣传党的路线方针政策，集中体现为三个层面：一是党的道路、理论、制度和文化，二是党的大政方针，三是党在经济社会文化等各方面的具体政策。

宣传党的主张，一是宣传好习近平新时代中国特色社会主义思想。习近平新时代中国特色社会主义思想是当代中国马克思主义、二十一世纪马克思主义，是中华文化和中国精神的时代精华，实现了马克思主义中国化新的飞跃[①]。新时代农村基层党组织宣传党的主张，要首先抓住习近平新时代中国特色社会主义思想这个关键，因为这一思想深刻地回答了时代课题，传承和发展

① 习近平. 习近平谈治国理政：第四卷［M］. 北京：外文出版社，2022：11.

了马克思主义，提出了一系列原创性的治国理政的新理念新思想新战略，是新时代发展的科学理论指导和最重要的根本遵循。新时代农村基层党组织要将习近平新时代中国特色社会主义思想学深悟透，并用农民群众喜闻乐见、易于接受的方式宣传出来，让农村的广大群众明白“中国共产党为什么能，中国特色社会主义为什么好，马克思主义为什么行”等理论问题，以及“时代之问”等现实问题。

宣传党的主张，二是要宣传好党中央、国务院制定的一系列大政方针。农村基层党组织尤其是要结合农村群众的实际状况和发展需求，深入理解各个领域的国家战略，尤其是深刻领会新时代乡村发展的目标、路径、方法等方针性问题，并生动地向农村群众进行宣传，做到统一共识、凝聚人心、汇聚力量。

宣传党的主张，三是要宣传好党和国家涉及农村发展的各项政策。近年来，党和国家高度重视农村经济、社会、教育、生态、文化、公共服务等各领域的发展，出台了大量政策促进乡村振兴，建立了一整套机制来保障乡村的发展。农村基层党组织要准确把握这些利农惠农政策，宣传好党和国家的政策，引领广大农民群众学习、理解和遵循政策，从而提升党组织的组织力。

二、贯彻党的决定

1. 贯彻党的决定是发挥基层党组织组织力的关键环节

截至2021年年底，中国共产党党员总数为9 671.2万名，党的基层组织为493.6万个①。党中央制定的路线方针政策，发布的决策部署能否实现，能否充分发挥作用，能否有效指导中国的发展与改革，关键在于数量庞大的基层党组织能否坚决迅速地贯彻党的决定，这也正是基层党组织的组织力所在。毛泽东同志指出，“党的下级机关和党员群众对于上级机关的指示，要经过详尽的讨论，以求彻底地了解指示的意义，并决定对它的执行方法”②；胡锦涛同志提出基层党组织是“落实党的路线方针政策和各项工作任务的战斗堡垒”③；习近平总书记指出，“基层党组织是贯彻落实党中央决策部署的‘最后一公里’，不能出现‘断头路’”④。贯彻党的决定是基层党组织最关键的作用，只

① 中共中央组织部. 中国共产党党内统计公报[EB/OL].(2021-06-30)[2022-07-13]. https://www.12371.cn/2021/06/30/ARTI1625021390886720.shtml.

② 毛泽东. 毛泽东选集：第一卷［M］. 北京：人民出版社，1991：89.

③ 中国共产党第十七届中央委员会第四次全体会议文件汇编［M］. 北京：人民出版社，2009：24.

④ 习近平. 习近平谈治国理政：第四卷［M］. 北京：外文出版社，2022：504.

有做到及时准确地贯彻党的决定，党的领导才能有效实现，这是基层党组织组织力的重要体现。

2. 及时有力地贯彻党的决定是提升新时代农村基层党组织组织力的迫切需要

从实际情况来看，农村基层党组织在贯彻党的决定方面往往存在许多薄弱环节，尤其是在贯彻党的决定的准确度、服从力、公信力、监控力等方面都可能存在不足，这损害了基层党组织的组织力。因此，及时有力地贯彻党的决定，是解决新时代农村基层党组织组织力不足的迫切现实需要。

贯彻党的决定的准确度不足，会影响党的组织力建设。党的决定，尤其是党对农村发展的规划、政策等方面的重要决定，多是关于一类问题的一般性解决方案，而不会具体到农村基层的实际问题场景中。要准确理解党的决定所蕴含的基本原则和制定目标的逻辑，才能准确地理解党的决定、贯彻党的决定。但实践中农村基层党组织对党的决定可能存在理解偏差，甚至在落实到具体场景中时过多进行自由裁量，可能会偏离决定的原有目标和原则，导致党的决定在贯彻执行中“走偏”，损害党的组织力。

贯彻党的决定的服从力不足，会影响党的组织力建设。在两种情况下，可能存在贯彻党的决定的服从力不足的问题。一是涉及基层利益协调的相关决定，不可避免地会对不同主体的利益格局产生影响，农村基层党组织同样可能会规避相关主体的利益损失而不严格执行组织的决定；二是农村基层党组织本身的能力不足，在涉及某些复杂性问题时，自身能力不足以有效贯彻党的决定，从而不严格执行党的决定。这两种情况都会导致“上有令而下不行”，影响党各项决策的落实落地，从而损害党的组织力。

贯彻党的决定的公信力不足，会影响党的组织力建设。公信力是贯穿于农村基层党组织贯彻党的决定始终的重要因素，农村基层党组织往往基于如下原因而在贯彻决定时公信力不足：一是贯彻党的决定的公开性和透明度不够，基层群众没有充分了解基层党组织行为的决策依据、执行过程等信息；二是贯彻党的决定的精细度不足，如以前常见的在计划生育领域对党各项决定的粗暴、机械的执行，引起了许多矛盾，损害了基层党组织的公信力；三是贯彻党的决定时存在扩大化行为，如乱收费、随意摊派等行为，都会损害基层党组织的公信力，进一步影响组织力建设。

贯彻党的决定的监控力不足，会影响党的组织力建设。基层党组织在执行党的决定时，即使一开始准确理解并执行了相关决定，但在处理某些长期或复杂问题时，执行过程本身也可能出现偏差，这就需要在贯彻执行全过程中的监控力来有效纠偏。监控力不足会导致党的决定出现执行性偏差，影响党的组织力。

三、领导基层治理

1. 农村基层党组织是领导乡村治理的核心

在新时代农村的基层治理即乡村治理中，农村基层党组织处于领导核心的地位。习近平总书记强调："农村党支部在农村各项工作中居于领导核心地位。"①《中华人民共和国乡村振兴促进法》中明确规定："建立健全党委领导、政府负责、民主协商、社会协同、公众参与、法治保障、科技支撑的现代乡村社会治理体制。"党的领导是乡村基层治理体制的核心。

新中国成立以来，党组织就逐渐成为领导乡村治理的核心。1953 年开始的农业合作化运动是在党的领导下开展的，在此基础上基本建立了覆盖乡村社会的组织网络。从此时起，党在乡村治理体系中的领导核心地位就得以确立，并在实践中不断得到加强。在人民公社阶段，党领导的乡村治理实现了"政社合一"的模式转变；在改革开放后，在党的领导下实现了乡政府的行政管理与村委会的村民自治有效结合的乡村治理体系变革；新型城镇化战略提出以后，在党的领导下形成了"政府主导、多元合作"的乡村治理体系。可以看出，无论是在哪一个阶段的乡村治理体系建设中，党组织的领导都处于核心的地位；无论哪一个阶段乡村治理体系的变革，都是依靠党组织的领导来实现的。

党的十八大以来，党对乡村治理的领导更加有力，核心地位更加突出。党中央进一步完善了党领导"三农"工作的体制机制，在基层党组织中推进了抓落实的工作机制；稳步推进了涉及"三农"问题的各项重大改革，初步建立了城乡融合发展机制。在新时代的乡村治理中，习近平总书记提出，"抓好农村基层组织建设是关键"，以及"重视农村基层党组织建设，加快完善乡村治理机制"。中办《关于加强基层服务型党组织建设的意见》指出，"农村党组织要围绕推动科学发展、带领农民致富、密切联系群众、维护农村稳定搞好服务，引导农民进行合作经营、联户经营，开展逐户走访、包户帮扶，及时办理反馈群众诉求，帮助群众和困难党员解决生产生活、增收致富中的实际问题"。同时，通过多项措施不断加强农村基层党组织的自身建设，使基层党组

---

① 中共中央文献研究室．十八大以来重要文献选编：上［M］．北京：中央文献出版社，2014：684.

织成为乡村治理的领导核心。

2. 领导乡村治理中的组织力首先体现为领导力

作为新时代乡村治理的领导核心，农村基层党组织的组织力集中体现在领导基层治理的各项能力中，且最集中地体现为领导乡村治理的领导力。领导力作用的发挥在于能够统筹新时代乡村治理的各类关系、实现乡村治理的思想引领、团结乡村治理的各方力量。

农村基层党组织领导乡村治理能够统筹乡村治理中的各类关系。新时代乡村的多元化治理体系涉及政府、社会、公众等多个层面，存在较为复杂的关系：政府权力向乡村基层的延伸，和传统乡村自治之间关系的协调；基层群众自治与相对缺乏的主动性、相对落后的法制状况之间的协调等。在复杂的农村基层，厘清各种关系的关键在于农村基层党组织对基层治理的领导。一是居于领导地位的基层党组织能够更好地协调基层治理中的各项关系，达到“纵览全局、协调各方”的效果。二是农村基层党组织具备更强的制度执行的灵活性，居于领导地位能够既保证政策的有效执行，又借助组织网络将政治意识整合到乡村社会中。

农村基层党组织领导乡村治理能够实现乡村治理的思想引领。中国共产党是有马克思主义理论武装的、具有理论优势和思想优势的政党，农村基层党组织也具有这一显著优势。在领导基层治理中，党组织的组织力还表现为思想的引领力，能够用先进科学的思想将农村基层群众武装起来，用党的创新理论武装头脑、统一思想、指导实践，就能够更有效地将农村基层群众组织起来，提升党组织的组织力。

农村基层党组织领导乡村治理能够团结乡村治理的各方力量。在领导乡村治理中，如何把较为松散甚至可能存在矛盾的乡村治理结构整合起来，把各方力量团结到乡村振兴的大战略下，是组织力的最直接体现。农村基层党组织由于更了解乡村实际，能够有效体察村情民意，能够融合法制与习俗、政府约束和村民自治，将各种因素统筹起来，聚拢民心，凝聚力量，将各类力量都团结在党的领导之下。这凸显了基层党组织在乡村治理中的领导力，深刻诠释了党的领导是中国特色社会主义制度的最大优势。

3. 领导乡村治理中的组织力重点体现为治理能力

在领导乡村治理中，通过领导力发挥政治功能是农村基层党组织的基础功能，但最终目标是要通过发挥治理能力来实现治理乡村的功能。因此，农村基层党组织的组织力在领导乡村治理中，还应重点体现为治理能力。

治理能力是农村基层党组织的重要能力要求，是农村基层党支部对乡村社会治理的领导和推动自身治理现代化的能力。党章中明确提出了基层党组织的治理职责："街道、乡、镇党的基层委员会和村、社区党组织，统一领导本地区基层各类组织和各项工作，加强基层社会治理，支持和保证行政组织、经济组织和群众性自治组织充分行使职权。"对于农村基层党组织来说，治理工作主要是推动农村基层治理的现代化，协调和发挥好农村多元治理体系的作用；推动农村的社会治理，通过各种手段消解社会矛盾、维护公平正义，推动农村社会发展；推动农村法制建设，制定公平工作公开的议事规则，保障权力制约程序、决策程序、监督程序等有效落实；维护农村经济市场规范有序，保障农民权益；推动乡风文明建设等涉及农村政治、经济、文化、社会、法制、生态文明等各个领域的治理。

四、团结动员群众

1. 团结动员群众是农村基层党组织的传统优势

从党领导开展新民主主义革命开始，团结、组织、动员农民，通过各种方式让农民拥护和支持党的领导、投身党的事业、壮大党的力量，就是党提升组织力的重要方式和经验。在团结动员农民群众方面，农村基层党组织具有传统优势。

党组织很早就认识到了团结动员农民的重要性。李大钊在《土地与农民》一文中分析到："中国的浩大的农民群众，如果能够组织起来，参加国民革命，中国国民革命的成功就不远了。"①党的四大提出："中国共产党与工人阶级要领导中国革命至于成功，必须尽可能地系统地鼓动并组织各地农民逐渐从事经济的和政治的争斗。"②

党组织通过各类群众性组织来团结农民群众。在历史上，党领导和组织诸多的群众性组织来团结农民群众，如政治性的组织农民协会、工会、共青团、妇女联合会、贫农团、共济会、反帝大同盟，经济性的组织农业合作社、减租会、运输队、变工队、扎工队、纺纱班、耕种队，文化性的识字班、夜校、读报组、话剧社等。这些组织在政治上与党保持一致，但采用了更贴近农民群众的组织形式和采用了家庭关系、亲属关系等方式，更加有效地吸引农民群众加入；在经济上也符合农民的诉求和需要，帮助农民解决实际问题，也让农民了解党的性质、主张和优势；在文化上提高了农民的文化水平和思想觉悟。这样

---

① 李大钊. 李大钊选集［M］. 北京：人民出版社，1959：535.

② 中共中央党史研究室. 回顾辉煌历程 喜迎党的十八大：党的历次全国代表大会知识读本［M］. 北京：学习出版社，2012：47.

就为团结动员农民奠定了良好的政治、物质和思想基础，也通过群众性组织提升了农村党组织的组织力。

党组织通过群众运动来动员农民群众。在新民主主义革命时期和社会主义建设初期，通过群众运动动员农民群众以开展革命、推动改革是比较常见的做法。尽管随着时代的发展，农民运动的方式已不再合适，但其中蕴含的工作方法对提升组织力还有借鉴意义。

党对农民的动员从新民主主义革命时期就有明确的体现，通过土地改革运动实现了对农民最广泛的动员。抗日战争时期，党对农民的动员形式更加丰富和成熟，通过基层整风、合作化运动、大生产运动等，形成了更加行之有效的农民动员方式。通过群众运动把农民动员起来，使农民投身到经济建设、乡村革命、战争支援、文化建设和思想教育等各个领域中去，极大地提升了农村基层党组织的组织力。

2. 团结动员群众是农村基层党组织组织力的重要体现

农村基层党组织在农村各项工作中居于领导核心地位，各项工作的具体推进则需要农村基层群众的广泛参与。农村各项工作覆盖面广、内容复杂、涉及关系多，与农村的风俗习惯、经济社会文化发展情况等密切相关，只有扎根群众、围绕群众、依靠群众，才能够做好农村的各项工作。因此，团结动员群众的能力，是农村基层党组织组织力的重要体现。

团结群众是农村基层党组织发挥组织能力的重要基础。在农村基层，各项工作的开展必须以基层群众为基础。增进农民群体对党的理论、思想和政策的理解，让群众积极参与到乡村建设和改革中来，首先就要团结群众。团结不了群众，就无法组织各方力量共同为乡村发展和建设服务，党的各项工作就缺乏基础力量。在历史上，党组织是非常重视也非常擅长团结群众的，无论是通过群众路线始终保持与群众的血肉联系，还是通过统一战线团结起最广泛的力量，都是将团结群众的能力转化成党的组织力，这极大地增强了党组织的力量。

动员群众是农村基层党组织发挥组织力的具体体现。如何调动农村基层群众的积极性，让广大农民积极参与到农村发展建设中来，参与到党和政府规划的重大战略中来，让基层党组织的工作落实落地，是农村基层党组织组织力的具体体现。从农村的发展实际来看，有优秀的顶层设计、缜密的制度体系、坚强的领导力量，最终都要落实到广大农民群众的具体参与上来。乡村振兴要重视农民的主体地位，而这一主体地位的确立就需要农民的充分参与，农民的充分参与依赖于基层党组织动员群众的能力。因此在当前乡村的发展改革各项工作中，动员群众是基层党组织组织力的具体体现。

3. 新时代农村基层党组织团结动员群众能力的表现形式

团结群众的能力是新时代农村基层党组织的组织力的重要组成部分。新时代农村基层群众的情况和特点有了新的变化，对乡村发展提出了新的要求，对农村基层党组织团结动员群众的能力的需求呈现出新的特点。

农村基层党组织团结动员群众的能力来源于始终代表广大农民的利益。要能够团结动员群众，让群众信服党的理论、认同党的政策、跟随党的步伐，根本在于坚持“以人民为中心”，在于代表广大农民群众的利益。在新民主主义革命时期，农村基层党组织帮助农民解决了缺乏生产资料的问题、吃不饱穿不暖的问题；在社会主义革命和建设时期，农村基层党组织帮助农民解决了生产力低下、生活水平不高的问题。这些问题关系着广大农民的切身利益。要在新时代团结动员农村的广大群众，就需要代表新时代农民的利益，满足广大农民对美好生活的向往。

农村基层党组织团结动员群众的能力以群众的参与意愿和能力提升为标准。农村基层党组织团结动员群众的能力，不是通过基层党组织开展多少动员宣讲、动员工作，组建多少群众组织来衡量的，而是以基层农民群众参与乡村各项工作的意愿和能力来衡量的。“给钱给物，不如给个好支部”，组织力强的农村基层党支部能够通过有效地团结动员群众，激发农民群众的活力，盘活各类资源，为完成农村各项工作聚集最广泛的力量。

农村基层党组织团结动员群众的能力是综合能力的体现。团结动员能力是组织力的重要体现，但其本身并不是单一的能力，而是多种能力的综合作用的结果。团结动员能力既包括宣传党的思想、理论、方针政策的能力，也包括号召动员广大群众参与到实践中来的动员能力；而动员能力不仅仅来自口号宣传以及通过各类组织、关系，同时也依赖于党组织开展乡村治理的能力、自我约束和完善的能力等，是多种能力的综合体现。

五、推动改革发展

1. 推动改革发展是新时代乡村建设的迫切需要

改革是乡村建设和发展的根本动力。从 1947 年党召开全国土地会议，制定首个《中国土地法大纲》以来，中国共产党不断推进乡村的改革发展，推动中国农村发生了翻天覆地的变化。21 世纪以来，从 2004 年开始，每年中央一号文件均着眼于“三农”问题，不断推进乡村各项工作的改革；2006 年全面取消农业税，农村的改革发展迈出了重要的一步。

党的十八大以来，在党中央的领导下，各级基层党组织持续推动新时代乡村改革发展，开展农村土地“三权分置”，不断完善农业补贴政策体系，推进农村集体产权制度改革，推动农业经营体系改革等。尤其是2013年以来，党通过全面推进精准扶贫，消除了绝对贫困和区域性整体贫困。基层党组织用改革推动农村生产力发展，使农村各项工作实现了跨越式发展。

在向第二个百年奋斗目标迈进的历史关口，全面推进乡村振兴是实现中华民族伟大复兴的重要任务，也是当前应变局、开新局的关键举措。当前农村建设中还存在许多问题需要依靠改革来解决，如城乡居民收入差距依然较大，农民增收存在困难，还需要进一步通过农产品价格形成机制改革、农民工工作待遇改革和涉农补贴政策改革等方式，推动农民经营性收入和工资性收入不断增长。此外，市场化粮食价格机制有待形成完善，农村集中产权制度改革、土地制度改革等，都需要基层党组织的有力推动。

2. 基层党组织是推动新时代乡村改革发展的主要力量

党是新时代乡村改革发展的领导核心，基层党组织是党的乡村政策的坚定拥护者和可靠执行者。农村基层党组织密切联系着农村和农民群众，最熟悉和了解乡村情况，最有动力和能力推动乡村的各项工作，是乡村改革发展的主要推动力量。

基层党组织是新时代乡村改革发展政策的重要贡献者。历史上，农村基层党组织为乡村改革发展做出了许多有效的探索，有些探索上升为经验，进一步成为改革发展的政策。例如，1990年8月，中共中央组织部等部委在莱西市召开了全国村级组织建设工作座谈会，总结和推广了“莱西经验”，即加强以党支部为核心的村级组织“三配套”思路，逐步确立了以党支部为领导核心的村组织建设工作格局。同时，农村基层党支部在对改革政策的执行中也不断总结经验、反馈问题，不断完善发展改革的相关政策，使基层党组织成为乡村改革政策的重要贡献者。

基层党组织是新时代乡村改革发展政策的拥护者和执行者。基层党组织是落实乡村改革发展政策的“最后一公里”，是推动乡村改革发展落实落地的关键环节和重要力量。农村基层党组织推动落实改革，要自身素质过硬，充分认识改革的理论、原则、方法和路径，不断提升自身水平；要能够协调和平衡各方利益，打破旧的格局；要与落后的思想、习俗做斗争，以新的理念、思想推动改革发展；要将一般化的改革与乡村的实际情况有效结合，通过基层群众乐于接受的方法将政策落到实处。因此，乡村改革发展政策的落实必然要依靠基层党组织。

基层党组织是新时代乡村改革发展的可靠组织者。乡村改革发展涉及方方面面，包括协调处理好农村内部的各项关系，处理好经济、社会、文化、生态文明等各领域的关系，还包括处理好城乡统筹和协调城乡之间的关系。农村基层党组织不仅要组织好广大农民锚定目标，为改革发展贡献力量；还要组织好涉及乡村改革的各类集体、组织、企业和团体，组织好乡村和城镇的各类资源。农村基层党组织能够有效地将个人、各类集体、资源等组织起来，共同实现改革发展的目标。

3. 基层党组织推动乡村改革发展的组织力的表现

建设基层党组织的组织力，在新时代就重点表现为建设基层党组织推动乡村改革发展的能力。推动乡村改革发展的能力同样也是综合能力的体现，具体表现为改革中精准施策的能力、研究和解决复杂问题的能力、改革成果惠及乡村的能力。

在农村，推动发展改革的落脚点在于对改革政策的精准实施。农村基层党组织通过深入理解党关于乡村改革发展的理论与政策，将其与所在乡村发展的实际情况相结合，根据政策实施的条件和具体场景，组织好政策的精准实施；根据不同政策类型、不同施策对象、不同外部条件选择不同的组织方式，灵活而精准地推动改革发展政策的落实。精准施策的能力决定了基层党组织落实改革发展政策的实际成效，是其组织力的具体体现。

在改革发展过程中，需要改革的问题，往往都是系统性、复杂性的问题。基层党组织不仅要准确、有力地贯彻党的路线方针政策和上级党组织的决定，还要提升自身解决复杂问题的能力。在农村改革发展中，往往存在很多涉及历史与习俗的、个性化的问题，存在很多长期以来想改变但没有成功改变的问题。因此要推进改革发展，就必须要解决这些复杂问题，这一能力也是基层党组织组织力的重要体现。

改革是否有效的重要表现，是改革的成果是否惠及广大基层群众；基层党组织的组织能力的高低，最根本的评价标准也是广大农民是否从党组织的改革发展中得到更多的收获，农民的生活水平是否提高，农村基本公共服务是否覆盖到位，农民的教育、住房、医疗等关键问题是否妥善解决，乡风是否更加文明，城乡差距是否变得更小等。将改革成果惠及广大基础群众的能力，是检验农村基层党组织组织力的重要标准。

第五章　新时代农村基层党组织组织力建设的路径选择[①]

基础不牢，地动山摇。加强基层党组织组织力建设是百年大党风华正茂的根本秘诀。新时代加强农村基层党组织组织力建设是巩固中国共产党的执政地位和执政根基的坚实基础。加强农村基层党组织组织力建设需要跳出一般视域下的基层党组织建设常规路径，深刻把握新的时代之问和人民之问，深刻洞察中国共产党以伟大自我革命引领伟大社会革命的现实需要，着眼于新时代推进乡村振兴的时空场域去推进农村基层党组织组织力建设。因此，新时代农村基层党组织组织力建设需要立足于当前的新发展阶段，了解新发展格局，遵循新发展理念，切实把农村基层党组织组织力建设放在固本强基、增强人民群众对党的拥护、不断维护和夯实中国共产党执政地位的战略高度。

第一节　农村基层党组织政治引领力建设

中国共产党作为中国唯一的执政党，中国共产党的利益和人民的利益是内在统一的，中国共产党的党性和人民性也是内在统一的。中国共产党始终代表最广大人民进行政治表达和满足最广大人民的利益诉求。列宁指出："一个阶级如果不从政治上正确地看问题，就不能维持它的统治，因而也就不能完成它的生产任务。"[②]新时代农村基层党组织是落实党中央决策部署和服务人民群众的"最后一公里"，承担着全面领导和推进农村经济社会发展等各项任务。新时代农村基层党组织作为一种政治组织，具有鲜明的政治标识、政治方向、政

---

① 部分观点和内容刊载于：刘渊．西部农村党组织组织力建设的内涵解析、现实反思与实践进路：基于三个行政村的调研［J］．探索，2019（6）：120-128.

② 列宁．列宁全集：第四十卷［M］．北京：人民出版社，2017：283.

治使命和政治担当，着力加强新时代农村基层党组织的政治引领力尤为必要。

一、加强农村基层党组织的政治建设，确保农村经济社会发展的正确方向

加强党的政治建设是中国共产党作为一个政治组织的内在要求。中国共产党作为一个政治组织客观上具有其自身特有的政治属性、政治标准、政治原则、政治路线、政治纪律和政治规矩等。加强农村基层党组织的政治建设，就是要进一步加强农村基层党组织的政治引领性、思想引领性、榜样示范性，且具体落实到农村基层党组织的政治站位、政治标准和政治生态等方方面面。“旗帜鲜明讲政治是我们党作为马克思主义政党的根本要求。党的政治建设是党的根本性建设，决定党的建设方向和效果。”①新时代加强农村基层党组织的政治建设就是要坚持以问题为导向，紧密结合新时代推进乡村振兴的现实要求，全面加强农村基层党组织的政治能力建设，突出农村基层党组织的政治功能，充分发挥好农村基层党组织的战斗堡垒作用。

新时代加强农村基层党组织的政治建设，其实质就是要进一步加强农村基层党组织的先进性建设，进一步确保农村经济社会发展的正确方向。从根本上看，先进性是马克思主义政党的本质特征，也是马克思主义政党政治性的集中表现②。农村基层党组织的政治引领力建设首先是加强农村基层党组织的先进性和示范性建设。加强农村基层党组织的先进性建设需要着力从农村基层党组织的理论提升和实践养成两个方面进行突破。

在理论提升层面，首先，农村基层党组织需要认真学习研究习近平新时代中国特色社会主义思想，自觉运用习近平新时代中国特色社会主义思想指导新时代乡村振兴的各项建设。通过认真学习和深刻把握习近平新时代中国特色社会主义思想，深刻明晰新时代的“国之大者”，充分了解加强农村基层党组织先进性建设的时代要求和现实价值，进而站在推进农业农村现代化建设、实施乡村全面振兴、实现中华民族伟大复兴的战略全局上开展各项工作。加强农村基层党组织的理论提升，既要加强农村基层党组织的政治理论学习，加强对马克思主义中国化最新理论成果的学习把握，也要聚焦习近平新时代中国特色社会主义思想中的针对性内容进行学习提升，如关于基层党组织建设的重要论述，以及关于新发展理念和乡村振兴等的系列重要论述。切实把理论学习与农

① 习近平. 决胜全面建成小康社会 夺取新时代中国特色社会主义伟大胜利：在中国共产党第十九次全国代表大会上的报告［N］. 人民日报，2017-10-28（1）.

② 刘红凛. 政治建设、组织力与党的建设质量：新时代党的建设三大新概念新要求［J］. 思想理论教育，2018（7）：74-79.

村经济社会发展紧密结合起来，运用学习的理论知识有效指导新时代乡村振兴的各项建设，这是新时代加强农村基层党组织理论学习的关键和重要指向。其次，加强农村基层党组织的理论提升，切忌陷入形式化路径。实际上，农村基层党组织还可以针对农村各项工作推进的实际情况，认真学习研究习近平总书记的《摆脱贫困》《之江新语》等相关著作。当然，对党中央的创新理论及时进行学习也是规定动作，这样能够确保基层党组织的党员、领导干部等能及时把握党中央的最新思想和决策要求等。同时，鉴于当前农村社会环境急剧变迁，各种社会主体利益关系盘根错节，存在社会资本下乡等种种现实问题，加强农村基层党组织的政治纪律、政治规矩以及反腐倡廉建设等相关方面的学习提升，也是加强新时代农村基层党组织政治建设的题中之义。最后，加强农村基层党组织的理论提升，还需要进一步加强农村基层党组织对产业发展、农村电商和数字乡村建设等方面的理论知识和技术知识的学习。通过学习党的创新理论和具有针对性的最新思想等，农村基层党组织能够有效指导新时代农村的各项建设；通过学习经济发展的各项知识，农村基层党组织能够进一步丰富乡村振兴的知识积累；通过学习党风廉政建设的最新要求，农村基层党组织能够为新时代农村基层党组织建设铸就坚实的底线和根基。

在实践养成方面，农村基层党组织需要严格遵循理论与实践相统一的原则，以理论提升指导实践推进，促进农村基层党组织理论水平和实践能力的辩证统一。

农村基层党组织在具体实践推进中，必须始终坚持中国共产党作为一个政治组织的属性要求，全面加强农村基层党组织的政治判断力、政治领悟力和政治执行力，始终坚持以严格的党性要求开展农村基层党组织的各项建设。基层党组织的各项建设体现在党内政治生活方面，农村基层党组织要切实“增强党内政治生活政治性、时代性、原则性、战斗性，用好批评和自我批评武器①”，不断提高党内政治生活的质量和水平；体现在党的建设工作思路上，各级党组织与党员干部必须切实解决好形式与内容、态度与方法、从严与科学、部分与整体、工作业绩与人民认同的关系等②；体现在具体工作开展中，农村基层党组织要始终坚持以人民为中心，坚持走群众路线，认真开展调查研究，充分吸取各个方面的意见和建议之后再有序开展农村经济社会改革等各项

---

① 习近平. 高举中国特色社会主义伟大旗帜 为全面建设社会主义现代化国家而团结奋斗：在中国共产党第二十次全国代表大会上的报告［N］. 人民日报，2022-10-26（1）.

② 刘红凛. 政治建设、组织力与党的建设质量：新时代党的建设三大新概念新要求［J］. 思想理论教育，2018（7）：74-79.

工作。在实践养成的具体路径上，农村基层党组织要通过前期的理论学习和规范要求，进一步提升自身建设的程序性和规范性，农村基层党组织负责人要在理论学习和实践推进中首先起到示范带头作用。

简言之，通过加强农村基层党组织的理论提升和实践养成，进一步增强农村基层党组织的先进性，这是新时代农村基层党组织政治建设的内在要求。只有理论上的清醒，才能有政治上的坚定；只有在实践上不断淬炼，才能把基层党组织建设成为坚强战斗堡垒。因此，加强新时代农村基层党组织的政治建设，这是农村基层党组织政治引领力的前提和基础。

二、突出农村基层党组织的思想引领作用，有效宣传党的主张和贯彻党的决定

新时代农村基层党组织的政治引领力建设，既强调农村基层党组织的政治功能的发挥，同时也内在指向农村基层党组织的思想引领。新时代农村基层党组织的思想引领也是一种基于正确的政治信仰、政治标准、政治路线之下的价值引领。农村基层党组织的思想引领作用，需要立足于农村基层党组织扎实的政治建设基础之上，通过弘扬正确的党内政治文化和价值观，有效发挥农村基层党组织的先进性、示范性和引领性。新时代农村基层党组织的价值观的培育和践行，最终要靠政党行为主体——政党成员的价值观来体现。就中国共产党而言，要以中国共产党人的价值观来保持党的纯洁本质和先进属性，从而形成内在的执政伦理道德观念①。因此，新时代加强农村基层党组织的政治建设，内在地包含了加强农村基层党组织中的党员群体的价值观培育，从而能够及时有效地宣传党的主张和贯彻党的决定，充分发挥好农村基层党组织的政治思想引领作用。

发挥新时代农村基层党组织的思想引领作用，有效宣传党的主张和贯彻党的决定，关键在于培养农村基层党组织，使其具有坚定的政治立场和正确的价值导向。农村基层党组织作为中国共产党治国理政的“神经末梢”和“微小单元”，承担着引领基层人民群众听党话、跟党走的重要使命。新时代农村基层党组织的思想引领力发挥的好坏决定着其能否成为“领导基层治理、团结动员群众、推动改革发展的坚强战斗壁垒，凝聚实现中华民族伟大复兴中国梦

---

① 李俊斌，卜桃桃. 新时代农村基层党组织政治建设的三重向度［J］. 重庆社会科学，2021（5）：17-30.

的强大合力”[①]。农村基层党组织要有效完成这些重要工作，就需要在领导农村经济社会发展的过程中把握政治方向、坚定政治立场和把握正确的价值导向。

在政治立场和价值导向方面，新时代农村基层党组织要在加强理论提升的基础上，进一步明确基层党组织要把为什么人的问题作为检验自身性质的试金石，强化政治意识，牢固树立以人民为中心的发展思想[②]。人民立场是中国共产党人的根本立场，人民立场也是农村基层党组织一切工作的根本落脚点。进一步强化新时代农村基层党组织的人民立场导向，关系到农村基层党组织正确的思想引领方向。在加强农村基层党组织人民立场建设的实践路径上，一方面，需要持续强化农村基层党组织始终坚持以人民为中心的根本立场和价值导向。新时代农村基层党组织思想引领力建设需要站在建设中国特色社会主义的高度，在夯实中国共产党执政地位的视域下，教育引导党员干部进一步增强对普通群众的感情，教育引导党员干部坚定站在劳苦大众的立场上分析问题和解决问题。因为“中国共产党的政党属性决定了其执政的人民立场。中国共产党的内在品质和根本属性与人民的根本利益高度契合”[③]。历史和现实的经验表明，中国共产党的根基在于人民群众，离开人民群众的支持便不可能长期执政。因此，农村基层党组织需要定期开展理论学习，教育引领广大农村党员干部深刻把握中国共产党的政党属性和政治追求，深刻明晰中国共产党执政地位的坚实根基，全面洞悉农村基层党组织建设与巩固中国共产党长期执政地位的内在关联。另一方面，需要进一步强化农村基层党组织始终坚持群众路线的工作方法。习近平总书记指出：“群众路线是我们党的生命线和根本工作路线，是我们党永葆青春活力和战斗力的重要传家宝。”[④]坚持群众路线的工作方法就是要求基层党员干部始终坚持为人民群众服务的根本立场。只有确保党与人民群众的血肉联系，摒弃形式主义、官僚主义，始终坚持人民利益高于一切的工作指向，基层党组织的思想引领力才能找到现实的嫁接点和承载点。实际上，农村基层党组织的政治引领力建设就是坚守人民立场，和人民群众同呼吸、共命运，全面增强农村基层党组织与人民群众的情感链接，自然而然就会充分发

① 熊兴勤，张松浩. 以服务增强基层党组织的思想引领力［J］. 思想政治工作研究，2018（1）：53-54.

② 熊兴勤，张松浩. 以服务增强基层党组织的思想引领力［J］. 思想政治工作研究，2018（1）：53-54.

③ 刘渊. 马克思主义中国化 70 年发展的实践和逻辑［J］. 四川大学学报（哲学社会科学版），2019（4）：14-20.

④ 习近平. 习近平谈治国理政［M］. 北京：外文出版社，2014：27.

挥出农村基层党组织的思想引领作用。

新时代加强农村基层党组织的思想引领力建设，需要注意避免让农村基层党组织陷入常规性、应付性的党务活动之中。应该把农村基层党组织的思想引领和农村的产业发展、文化建设等方面紧密结合起来，以坚定的方向指引，以明确的问题导向，以鲜活的现实载体，确保农村基层党组织在推进农村经济社会发展的过程中能够始终保持鲜明立场和正确导向。

三、强化农村基层党组织的自我革命主体意识，加强对农村基层党组织的关键群体的培训提升

新时代加强农村基层党组织的政治引领力建设，离不开农村基层党组织党员干部群体的自我革命主体意识的培育。只有加强对农村基层党组织党员干部群体的自我革命主体意识培育，迅速提升党员干部群体的政治素质和能力素养，才能在新时代乡村振兴中充分发挥好模范带头作用。

强化农村基层党组织的自我革命主体意识，重点是加强农村基层党组织自身的整体引领力和凝聚力；强化农村基层党组织负责人以及农村党员干部群体的自我革命意识，关键要强化农村基层党组织负责人的自我革命意识。农村基层党组织负责人群体是加强农村基层党组织政治引领力建设的关键群体，也是需要进一步统一思想和不断培训提升的重要群体。农村基层党组织负责人作为农村基层党组织的“领头羊”，对于领导团队、示范带头、形成合力，具有十分重要的作用。因为世界上的任何一个政党都不是铁板一块，都是由一些成员、不同层级的组织按照一定的组织原则构成的矛盾统一体①。我们强调全面加强农村基层党组织的政治引领力建设，客观上指向的是农村基层党组织这种对外的单一主体形象。刘少奇曾经指出：“我们的党，不是许多党员简单数目字的总和，而是由全体党员按照一定规律组织起来的统一的有机体，而是党的领导者被领导者的结合体，是党的首脑（中央）、党的各级组织和广大党员群众依照一定规律结合起来的统一体。”② 农村基层党组织作为我们党的基层组织，本身也是一个在总体目标一致基础之上的统一体。因此，通过信仰引领、纪律要求、制度内化和党内教育，全力实现农村基层党组织的团结统一，同样需要着力强化农村基层党组织的自我革命意识和自我革命精神。当然，加强农村基层党组织的自我革命意识同样需要基层党组织的主体意识的自我觉醒。

---

① 刘红凛. 新时代党的建设理论和实践创新研究［M］. 北京：人民出版社，2019：77.

② 刘少奇. 刘少奇选集：上卷［M］. 北京：人民出版社，1981：358.

“自我革命的主体不能只是理论上的，还应当在实践中予以具体化，即真正有实体来推动管党治党。”①这就表明，基层党组织要教育引导党员干部勇于进行自我革命，特别是要引导农村基层党组织负责人敢于突破自身的思维定式、作风习惯和价值偏好，跳出个人利益和“小圈子”的立场，切实从思想深处进行警醒和反思，着力探索党建新形式、创新党建新载体，真正管党治党，全面落实从严治党的主体责任。

加强农村基层党组织的自我革命主体意识，发挥农村基层党组织的政治引领力，关键是对农村基层党组织负责人和党员干部群体进行规范要求和培训提升。

农村基层党组织负责人是推进农村基层党组织各项建设的关键责任主体，广大农村党员干部同样是推进农村基层党组织各项建设的重要力量，两类群体之间相互促进、相互影响。因此，在对农村基层党组织进行培训提升时，要坚持“两点论”和“重点论”的统一。既要注重农村基层党组织负责人这个关键群体的培训提升，又不能忽略其他农村党员干部群体的教育引领，实现有所侧重和普遍提升的良好结合。在农村基层党组织的规范要求上，首先要加强农村基层党组织所有党员干部的党性修养的提升。任何一个组织的政治引领性都不可能轻易产生，只有通过严肃的组织生活来进行塑造，也需要通过广大党员干部加强党性修养来提高。加强农村基层党组织党员干部的党性修养，需要大力加强思想道德修养、组织纪律修养、道德品格修养，以良好的党性修养为基层党组织的政治建设创造良好条件②。

加强农村基层党组织党员干部群体的党性修养，需要在理想信念教育、人才选拔培养和纪律要求上着力。在理想信念和思想理论教育方面，需要着力加强农村广大党员干部对中国共产党的宗旨、性质、立场和路线的学习，引导广大农村党员干部学习领会党的创新理论，深刻把握新时代推进乡村振兴的战略需要和发展路径，进一步明晰中国式现代化道路的时代挑战以及实现中华民族伟大复兴征程中乡村全面振兴的客观必要性。毛泽东曾指出：“抗大的教育方针是：坚定正确的政治方向，艰苦奋斗的工作作风，灵活机动的战略战术。”③由此可见，抗大的“教学指导方向体现了较为鲜明的政治性、思想性，要求各级干部要把党性锻炼和政治思想修养放在首位”④。只有促进农村广大党员

① 刘光明. 中国共产党为什么能深入推进自我革命［N］. 光明日报，2019-05-20（6）.

② 刘红凛. 新时代党的建设理论和实践创新研究［M］. 北京：人民出版社，2019：87.

③ 中共中央文献研究室. 毛泽东文集：第二卷［M］. 北京：人民出版社，1993：188.

④ 魏宁. 延安时期干部教育的经验和启示［N］. 光明日报，2013-10-06（6）.

干部不断提升认识，增强理论认同，才能进一步牢固树立“四个意识”，切实增强政治引领力。在人才选拔方面，农村基层党组织负责人群体尤为重要。选优配强，农村基层党组织负责人是关键。当前在较多农村，年富力强、能力出众的青年农民基本上都外出务工，农村基层党组织需要从“大学生村官”“退伍军人”和优秀返乡务工青年群体等序列中选拔培养优秀技术人才、管理人才等，这也是新时代推进乡村振兴的重要任务。在纪律要求方面，中国共产党把纪律建设纳入新时代党的建设的基本内容与战略布局，突出强调正风肃纪相结合、党的作风建设与纪律建设相结合，这也是新时代党的建设总要求的一大创意①。因此，农村基层党组织要高度重视对农村党员群体的纪律要求，加强反腐倡廉建设。一方面，要求农村基层党组织加强组织纪律、廉洁纪律和工作纪律，还要大力加强政治纪律、群众纪律和生活纪律，尤其是通过强化政治纪律和组织纪律来带动廉洁纪律、群众纪律、工作纪律、生活纪律严起来②。农村作为一个特定的“熟人社会”，农民对彼此之间的情况非常了解，农村基层党员干部自身的纪律意识、廉洁意识等切实关系到农村基层党组织组织力建设的成效。另一方面，农村基层党组织要把工作推进和党员干部作风建设有机结合起来。尽量减少基层干部的“填表”，尽力实现农村党员干部需要登录打卡的各类“App”（应用程序）系统的有效整合，切实减轻农村党员干部群体的负担。同时，农村基层党组织要在具体工作推进中，进一步加强调查研究，坚持走群众路线等。

第二节　农村基层党组织社会动员力建设

纵观中国共产党的百年光辉历史，实质就是一部中国共产党领导革命、建设和改革的百年史，也可以说是一部成功进行社会动员的奋斗史。百年来，中国共产党正是借助多样化的社会动员方式，充分发动了人民群众，领导中国人民迎来了从站起来、富起来到强起来的伟大飞跃③。站在“两个一百年”历史交汇点上，农村基层党组织承担着重大的历史使命和艰巨的历史责任，需要有效吸收和积极传承中国共产党社会动员的丰富经验，以时代发展的现实要求，把新时代乡村振兴的国家战略与中华民族伟大复兴的宏大愿景有机结合，充分

---

① 刘红凛. 新时代党的建设理论和实践创新研究［M］. 北京：人民出版社，2019：63.

② 刘红凛. 新时代党的建设理论和实践创新研究［M］. 北京：人民出版社，2019：64.

③ 张士海. 强大的社会动员力汇聚磅礴力量［J］. 人民论坛，2021（9）：25-30.

照顾农村农民的自身发展和利益诉求，实现中国共产党的战略、愿景，以及推进农业现代化等。充分发挥农村基层党组织的社会动员作用，对于推进建设社会主义现代化强国具有重要意义。

一、坚持以人民群众的利益诉求为导向，紧密结合乡村振兴的现实要求推进社会动员力建设

新时代农村基层党组织组织力建设需要有效关照农村各个群体的利益诉求。“一方面要强调人民群众之间在根本利益上的整体性和一致性，另一方面还要承认他们之间在利益上存在冲突和矛盾。”[①]新时代农村基层党组织面临多元社会主体的利益协调，要整合多元社会主体的利益并发挥其积极性，形成推进乡村振兴的现实合力。“利益满足是社会动员的核心驱动，关注人民群众的利益诉求，形成利益激励。”[②] 因此，加强新时代农村基层党组织的社会动员力建设，要注重多元社会主体的利益协同，结合乡村振兴的推进抓手，通过满足多元社会主体的利益逐渐凝聚共识。

马克思主义经典作家从理论和实践层面对人民群众利益满足的重要性进行了深刻阐述。马克思指出：“人们为之奋斗的一切，都同他们的利益有关。”[③]列宁在动员人民群众参加俄国革命和建设的实践中也十分关注人民群众的利益诉求，“所有党的机关和苏维埃机关特别注意这个问题，并且立即采取一系列的措施，竭力改善工人的生活状况，减轻他们的困苦”[④]。马克思主义经典作家的光辉论述为新时代加强农村基层党组织的社会动员力建设提供了理论支撑。

加强农村基层党组织的社会动员力建设，首先要坚持以满足人民群众的利益诉求为基本前提。脱离人民群众的利益诉求，“悬空性”地开展农村基层党组织的各项建设，绝对不可能被人民群众所接纳，也不可能产生良好的社会动员效果。一方面，农村基层党组织要以新时代推进乡村振兴为抓手，引导农民积极投身到新时代乡村振兴建设的浪潮之中。只有充分利用新时代推进乡村振兴的历史机遇，把农村经济社会发展与农民自身利益紧密结合，才能引领广大农民积极参与到乡村振兴之中。这里存在的关键问题是寻求乡村振兴的现实抓手和现实载体，通过产业发展壮大集体经济，增加农民的获得感和归属感尤为

① 孟鑫. 马克思主义利益观在新时代的指导意义［J］. 人民论坛，2018（9）：99-101.

② 张士海. 强大的社会动员力汇聚磅礴力量［J］. 人民论坛，2021（9）：32-35.

③ 马克思，恩格斯. 马克思恩格斯全集：第一卷［M］. 北京：人民出版社，1995：187.

④ 列宁. 列宁全集：第四十一卷［M］. 北京：人民出版社，2017：76.

迫切。农村基层党组织推进产业发展和壮大集体经济的过程就是不断提升农村基层党组织社会号召力的过程。只有把农村基层党组织的社会动员力建设融入新时代乡村振兴的方方面面之中，才能真正实现农村基层党组织社会动员力的提升。另一方面，加强农村基层党组织社会动员力建设，增强农村基层党组织的创新力和执行力，同样不能忽略农村基层党组织自身的激励保障问题。在市场经济大潮之下，一些农村基层干部本身能力素质出众，但是由于坚守农村，失去了一些个人财富积累和事业发展的机会；相反，一些农民走出了乡村，通过个人打拼，却获得了巨大的市场奖励。当前在党要管党、全面从严治党的背景下，农村基层党建引领社会治理等要求越来越高，客观上需要农村基层党组织切实将基层党建与乡村治理耦合推进，避免出现“两张皮”现象等。因此，积极营造“激励和问责”相统一的农村基层党员干部干事创业氛围，大力畅通留守干部相对明晰的发展路径等工作，已经摆在了农村基层党组织的面前。加大对农村基层党组织党员干部的激励和保护，兼顾这个关键群体的利益诉求，本身也是新时代加强农村基层党组织社会动员力建设的题中之义。

加强农村基层党组织社会动员力建设，需要有效组织起来，聚焦新时代乡村振兴的现实要求去推进。只有充分组织起来、动员起来的农村才可能真正实现乡村振兴。高度重视党的组织建设、充分发挥各级党组织的力量是马克思主义政党的政治优势与显著特点，是我们党的优良传统[①]；“无产阶级在争取政权的斗争中，除了组织，没有别的武器”[②]。提升农村基层党组织的社会动员力，客观上就是要求农村基层党组织在动员群众、发动群众的能力方面持续加强，不能丧失。值得忧虑的是，部分农村基层党组织由于自身建设不力，在动员群众方面的本领较为不足，部分基层党组织陷入了官僚主义和形式主义的泥潭不能自拔或者说没有办法及时走出现实的误区，这是在当前全面推进乡村振兴视域下，持续加强农村基层党组织组织力建设中特别值得警惕的苗头性问题。在乡村振兴的时代机遇和政策机遇下，有效动员群众，前提就是要充分发挥农村基层党组织自身的榜样力、示范力、创新力和引领力。农村基层党组织要在乡村振兴的工作推进中，充分实行民主参与，广泛汇聚群众智慧，最大限度形成共识，这是新时代提升农村基层党组织社会动员力的关键。

---

① 刘红凛. 政治建设、组织力与党的建设质量：新时代党的建设三大新概念新要求［J］. 思想理论教育，2018（7）：74-79.

② 列宁. 列宁全集：第八卷［M］. 北京：人民出版社，2017：415.

二、强调农村基层党组织党建引领社会治理能力提升，注重从机制体制上加强社会动员力建设

新时代农村基层党组织社会动员力建设，既需要注重对人民群众利益的满足和协调，也需要从体制机制上进行改革，促进农村基层党组织治理能力持续提升。新时代农村基层党组织治理能力提升本身就是农村基层党组织社会动员力建设的客观要求。农村基层党组织能否有效进行社会动员客观上取决于农村基层党组织党建引领社会治理的路径、机制等方方面面的建设是否顺利。因此，不可否认，社会动员力仍然是中国共产党开展社会治理的“制胜法宝”，通过创新乡村社会的治理机制体制，可激发农村改革活力，调动最大范围的社会民众参与建设中国特色社会主义的积极性①。这是新时代加强农村基层党组织社会动员力的载体要求和现实基础。

增强新时代农村基层党组织的社会动员力，客观上要建立在农村基层党组织“治理有效”的现实要求之上。只有农村基层党组织“治理有效”，才能进一步凸显农村基层党组织的政治功能，才能有序创新乡村治理体制和机制，进一步提升引领乡村社会治理的能力。加强农村基层党组织治理能力建设，确保农村基层党组织“治理有效”，需要确保农村基层党组织自身的领导地位，促进自治、德治、法治的“三治”结合，打造“协商共治”的社会治理格局。农村基层党组织有效实现了这三个方面的有机结合，客观上就能有效提升农村基层党组织的社会动员力。

首先，提升农村基层党组织的社会动员力的前提是确保农村基层党组织自身的领导地位。党的二十大报告指出，党的领导是全面的、系统的、整体的，必须全面、系统、整体加以落实②。农村基层党组织自身的领导地位在当前推进乡村振兴的进程中尤为关键。农村基层党组织需要进一步增强自身的胸怀、境界、智识和精神，进一步提升自身在乡村治理中的使命意识和责任意识，发挥好主心骨和顶梁柱的作用。农村基层党组织需要注重自身理论水平的提升，加强对党的创新理论和最新政策的学习把握，确保能够及时有效贯彻中央意志和执行党的决定，及时把新时代乡村振兴的最新要求以及加强农业农村现代化建设的现实要求和发展路径传达给人民群众，持续提升自身的统筹协调能力。

---

① 刘金菊，李永强. 马克思主义社会动员力理论研究：以抗战时期中共为中心［J］. 社会科学家，2020（3）：32-35.

② 习近平. 高举中国特色社会主义伟大旗帜 为全面建设社会主义现代化国家而团结奋斗：在中国共产党第二十次全国代表大会上的报告［N］. 人民日报，2022-10-26（1）.

其次，新时代农村基层党组织需要努力促进农村社会的自治、德治、法治的“三治”结合，充分整合各类资源①。农村基层党组织有效推进农村社会的自治、德治和法治的“三治”结合，关键在于做好党建引领。在村民自治方面，通过农村基层党组织的党建创新引领，整合社会资源，充分发挥村民委员会的自治功能。若要积极发挥村民委员会的自治功能，关键在于动员引导广大农民选出能够带领大家干事创业的各类带头人，发挥乡村村民议事会、监事会等自治组织的监督管理作用。在乡村法治方面，既要注意发挥法律文本的强制性约束作用，同样需要充分运用乡村的村规民俗以及各项乡村内部认可的管理规定；引导村民树立法治思维和法治观念，切实维护和保障广大农民的合法权益，积极构建中国特色社会主义法治乡村。在德治方面，农村基层党组织要引领农民不断进行自我教育和道德约束，“引导群众向上向善，结合时代要求对基层社会的道德规范进行创新。德治需要长期培育内化，让群众在参与道德实践中提升素养”②。德治是有效推进乡村自治和法治的基础，良好的德治教育是农村基层党组织社会动员力建设的重要保障。

最后，农村基层党组织需要通过党建引领社会治理，合力建设打造“协商共治”的社会治理格局。构建“协商共治”的社会治理格局，是新时代农村基层党组织社会动员力的直接反映。在构建路径上，首先要满足多元利益主体的诉求，构建“协商共治”的沟通机制。治理的内在本质就是多元主体之间的双向互动和民主协商的过程。当前，农村地区是我国全面建成社会主义现代化强国过程中的重点难点。面对部分农村发展的不平衡不充分问题，农村基层党组织需要主动作为，积极营造更具竞争力的“软环境”，切实提升广大农村的自我发展能力。为此，新时代农村基层党组织一方面要充分发挥出基层治理过程中的领导作用，切实把不同的利益主体团结在自己的周围，另一方面要充分协调不同的利益主体进行民主平等的沟通协商。为了达成这种良好局面，新时代农村基层党组织要系统构建动员群众和号召群众的综合协调机制、民主参与机制和责任落实机制，进而从机制设计上呈现出“一核多元、协商共治”的基层社会治理氛围和治理格局，着力提升新时代农村基层党组织的社会动员力，有效促进新时代农村的全面振兴。

---

① 霍军亮. 农村基层党组织引领乡村振兴的理论与实践［M］. 武汉：武汉大学出版社，2021：415.

② 郁建兴. “三治”结合提升基层治理水平［J］. 人民日报，2019-11-21（9）.

三、注重发挥榜样示范引领作用，通过农村党员干部的示范引领促进基层党组织的社会动员力建设

加强新时代农村基层党组织的社会动员力建设需要从方方面面推进。农村基层党组织首先要把农村的发展和农民的利益放在首位，通过党建引领社会治理，从体制机制等方面进行改革，激发农村广大农民干事创业的活力。这个过程中，农村基层党组织需要加大对国家发展大势，特别是新时代推进乡村振兴的战略要求、社会主义农业和农村现代化的发展目标等方面的宣传引领，不断推进马克思主义大众化和加强社会主义核心价值观教育，激发人民群众的自觉能动性，这是提升新时代农村基层党组织社会动员力的关键。同时，注意选树先进典型，注重示范带动，特别是选树一批产业发展或者回乡创业致富的先进典型人物，以及选树一批带头进行乡村产业发展的优秀党员干部等示范引领者。榜样带动是社会动员的有力抓手，要通过发挥他们的榜样带动作用，形成良好的干事创业氛围，进而感召广大人民群众积极投身到乡村振兴的潮流之中。

关于发挥榜样的力量方面的论述较为丰富。列宁认为："在政权转到无产阶级手里以后，在剥夺了剥夺者以后，情况就根本改变了，而且，如一些最著名的社会主义者多次指出过的那样，榜样的力量第一次有可能表现自己的广大影响。"①毛泽东提出："有什么好的工作方法呢？我看最近开劳动英雄大会、劳动英雄与模范工作者大会、劳动英雄与战斗英雄大会，就是一种好的工作方法。"②习近平总书记强调："在活动中注意总结典型，及时起示范推动作用。"由此可见，关于先进典型和榜样人物的示范引领作用，对于新的历史条件下推进党的各项事业具有十分重要的价值。

新时代加强农村基层党组织的社会动员力建设，关键在于紧密结合当前农村经济社会发展的关键任务，瞄准新时代推进乡村振兴的总体战略，积极选树推动农村各项发展的先进典型人物和示范引领者。中国共产党领导农村建设的理论和实践充分证明，发挥好农村先进典型的示范带动作用，对于推进农村经济社会发展等各个方面均有显著的促进作用。在先进典型人物和示范引领者的选树方面，需要从不同领域、不同层面进行推进，从农村产业发展、思想引领以及服务群众等方面进行突破。在产业发展方面，农村基层党组织需要动员群

① 列宁. 列宁全集：第三十四卷［M］. 北京：人民出版社，2017：172.
② 中共中央文献研究室. 毛泽东文集：第三卷［M］. 北京：人民出版社，1996：97.

众，选树一批在产业发展方面的先进人物。这个选树先进人物的过程本身就是充分发挥农村基层党组织的社会动员力的过程，也是引领广大农民群众不断学习先进、学习榜样的过程。在思想引领方面，农村基层党组织要通过“三治”结合，通过充分发挥乡村的村规民约等各类管理规定的作用，选树一批孝顺父母、乐于助人等方面的乡村道德典型。这类道德典型客观上能够有效引领广大农民进行自我道德约束和道德教化，营造一种良好的社会道德环境。在服务群众方面，农村基层党组织一方面要注意为群众积极服务，另一方面不能忽视培养农村基层党组织党员干部群体中的先进典型。农村基层党组织、农村党员干部是发挥示范引领的关键群体和重要群体，这类群体的示范引领能起到更加重要的作用。总体而言，关键群体的示范引领，需要在人民群众中进行选树、进行引领，更要注意农村党员干部这类特殊群体的作用的发挥。通过先进典型群体作用的发挥，积极引领广大人民群众投身到中国特色社会主义农村的建设之中。

第三节　农村基层党组织文化凝聚力建设

文化建设是中国共产党治国理政的重要武器和法宝。中国共产党成立以来，始终高度重视文化建设，始终重视通过文化建设凝心聚力、指导实践、推动工作，积极营造干事创业的良好氛围，取得了各个领域的重大成效，形成了宝贵的实践经验。新时代农村基层党组织文化凝聚力建设是中国特色社会主义文化建设的重要内容。中国特色社会主义文化，源自中华民族五千多年文明历史所孕育的中华优秀传统文化，熔铸于党领导人民在革命、建设、改革中创造的革命文化和社会主义先进文化，植根于中国特色社会主义伟大实践①。加强农村基层党组织文化凝聚力建设客观上要求农村基层党组织运用中国传统优秀文化、革命文化和社会主义先进文化引领人民群众弘扬正能量，塑造新风气，推动人民群众积极投身到乡村振兴的具体工作中。

加强农村基层党组织文化凝聚力建设是新时代推进乡村振兴的重要密码。乡村振兴是国家全局性的、长远性的、战略性的总体布局。实施乡村振兴是建设社会主义现代化强国的关键一招，其中文化振兴是乡村振兴中的重要一环。总体来讲，文化振兴是基础，是保障，是一种重要的思想引领。通过加强农村

① 陈名杰. 中国特色社会主义文化守正创新之道［J］. 光明日报，2019-04-12（6）.

基层党组织文化凝聚力建设，进而促进乡村振兴，对于推动新时代农村经济社会全面发展具有积极的现实价值。因此，新时代加强农村基层党组织文化凝聚力建设需要立足于乡村振兴的现实需要，立足于农业现代化的客观要求，立足于夯实中华民族伟大复兴的文化创新的实践指向。具体落实到建设路径上而言，新时代加强农村基层党组织文化凝聚力建设应该着力于农村基层党组织的社会主义核心价值观引领，着力于农村基层党组织的文化产品载体建设和文化创新模式打造，着力于加强农村基础教育投入和农村基层党组织的优秀文化建设人才培养等。

一、发挥社会主义核心价值观的现实引领，协力提升农村基层党组织文化凝聚力的导向功能

新时代加强农村基层党组织文化凝聚力建设的重要路径是充分发挥社会主义核心价值观的现实引领作用。发挥社会主义核心价值观的现实引领作用，旨在协力提升农村基层党组织的凝聚力和影响力。新时代农村基层党组织文化凝聚力建设的基本指向是充分发挥好基层党组织的政治导向和文化功能，切实把农村基层党组织建设成基层组织中的战斗堡垒，教育引导党员干部发挥好先锋模范作用。部分农村传统文化式微、新乡贤文化不足和社会主义核心价值观传播不力的现状，客观上需要基层党组织有效加强农村的优秀传统文化和国家认同、民族认同等方面的社会主义核心价值观的宣传教育。

一方面，农村基层党组织要着力加强乡土文化重建，并对乡土文化进行“创造性转化和创新性发展，使之更适合农村基层党组织建设的需要”①。通过加强农村乡土文化建设，深度挖掘传统乡土文化之中的传统信仰和价值观，结合不同民族、地域等客观现实推出适合时代发展的乡规民约等，充分吸纳乡土文化之中的朴实精神和勤俭作风，进而夯实基层党组织实事求是思想路线的文化基础；通过发掘乡土文化中的优秀素材，寻求恰当的载体积极弘扬社会主义核心价值观，诸如从乡村居民的“家训”中进行归纳提炼，探求乡村居民“家训”与社会主义核心价值观的同频共振点，进而促进农村基层党员干部和广大农民的道德素养提升和实现思想引领。农村基层党组织要大力支持乡村文化宣传教育，通过加大乡村文化宣传教育，着力提升广大村民的文化层次和道德水平。尤其是需要加大西部农村基础教育的投入，特别是加大西部少数民族

① 霍军亮，吴春梅. 乡村振兴战略背景下农村基层党组织建设的困境与出路［J］. 华中农业大学学报（社会科学版），2018（3）：1-8.

农村地区的基础教育投入，为进一步加强农村基层党组织的思想文化引领夯实基础。另一方面，农村基层党组织要通过规定动作和自选动作，认真开展社会主义核心价值体系建设，切实把党的要求、党的呼声及时传达给人民群众，尤其是要高度重视农村意识形态领域建设的社会主义方向，充分发挥农村基层党组织的政治功能，有效避免农村的广大阵地被非社会主义意识形态占据，更要避免被非法宗教或敌对势力侵蚀或占领。因此，加强农村社会主义核心价值观建设，发挥出农村基层党组织的文化凝聚力，正是需要及时把“党的指导思想、理论体系、纲领路线、奋斗目标、信仰、价值观念和共产党人为了实现国家利益、民族利益、人民利益所表现出来的无私奉献等良好精神风貌，对党员和人民群众产生的感召力和吸引力”① 传递出来，散播到人民群众中。

二、注重加强新时代农村文化产品建设和文化创新模式打造，不断拓展农村基层党组织文化凝聚力建设的现实载体

加强农村基层党组织文化凝聚力建设，首先需要从理论认知层面深刻把握社会主义核心价值观建设的重要内容及其现实侧重，其次要重视农村基层党组织文化凝聚力建设的现实载体，切实从农村的文化产品建设和文化创新模式打造方面夯实基础。

文化振兴是新时代乡村振兴的重要底色。乡村文化振兴需要依托农村基层党组织充分发挥文化凝聚力，充分凸显农村基层党组织的文化凝聚力对人民群众的思想引领和人心凝聚等各个方面的重要作用。做好农村村民的思想引领和人心凝聚工作不能陷入“理论灌输”路径，这是由农村村民的文化素养、知识层次等特定的历史与现实原因决定的。加强新时代农村社会主义核心价值观的传播，更重要的是注重从具象化、生动化等方面进行思考，通过潜移默化的方式，在润物细无声的氛围熏陶中达到农村基层党组织文化凝聚力提升的内在要求。如果要实现这种从“物化”到“内化”的个体转换和情感熏陶，农村基层党组织需要在农村文化产品建设和文化产品模式打造方面进行有效突破，不断打造农村基层党组织文化凝聚力建设的现实载体。

农村基层党组织文化凝聚力建设首先要加强农村基层党组织对农村文化产品的持续供给和传承创新。明晰不同区域的风土人情、文化习惯和传统特色，这是农村基层党组织引领带动农村文化产品建设的现实基础。不同的农村有不同的文化特色，一些农村属于常规的农耕文化，始终保持着传统农耕文化特

① 梁建华. 中国共产党凝聚力的内涵分析 [J]. 学术探索，2013 (1)：49-53.

色；一些农村具有传统文化艺术产品，特别是一些少数民族地区的农村传统文化艺术，如特色民族舞蹈、特色民族风俗是乡村文化的瑰宝，需要重点保留；一些农村注重“乡贤文化”建设，推动新乡贤文化打造等，引导乡村社会见贤思齐，让新乡贤成为乡村振兴中的正能量；一些农村的传统建筑、传统武术等都能为乡村文化产品打造提供厚实底蕴。在紧密结合不同区域农村的客观现实的基础之上，农村基层党组织需要将新时代乡村产业发展、乡村文化建设等方面有效结合，积极推进农村优秀传统文化实现创造性转化和创新性发展。在有效结合和创新传承发展的过程中，农村文化产品可以通过多维路径进行供给。常规的主要供给方式是“政府供给、市场供给和自主供给”①。政府供给是一种比较典型的供给方式，也是农村基层党组织统筹推进，提升基层党组织文化凝聚力的内在呼应。但是，政府供给文化产品不仅仅是回应公民的文化需求，更重要的是为构建文化认同达至政治认同的终极目的服务，其政治意蕴价值既包含也超越了基本公共服务的范畴②。市场供给文化产品也是新的历史条件下农村文化产品建设的可行路径，但是市场供给农村文化产品需要高度重视文化产品建设的政治性、方向性和可持续性等问题。同时，新时代农民群体充分发挥群众智慧，积极推进农村文化产品的自主供给也是值得鼓励和探索的。在政府供给、市场供给、自主供给三个层面的推进中，农村基层党组织要高度重视三者之间的相互补充和相互促进，要重视政府供给的榜样示范引领，特别是针对重要农村文化产品供给的有效突破，更要注重借助市场的力量和群众的智慧形成农村文化产品建设的有效合力。因此，在具体推进中，需要突破政府供给的弊端，提高政府供给的效能，发挥文化产品的内在价值效用；也需要积极引导市场、社会力量参与到农村文化产品的供给中，相互赋能，优势互补，供给多元化、差异化、有层次的文化产品③。这个统筹推进的过程正是农村基层党组织文化凝聚力建设的内生要求和涵育过程，通过逐渐融合、相互涵育，逐步实现农村基层党组织对农村文化产品的传承创新。

---

① 杨刚. 乡村振兴背景下农村文化产品供给的不均衡：基于可行能力的考察［J］. 贵州社会科学，2021（10）：160-168.

② 张波. 我国公共文化服务的政治意蕴及其供给逻辑［J］. 理论探讨，2015（2）：150-153.

③ 张波. 我国公共文化服务的政治意蕴及其供给逻辑［J］. 理论探讨，2015（2）：150-153.

三、重视农村基础教育投入和农村基层党组织的文化建设人才培养，持续为农村基层党组织文化凝聚力建设提供力量

加强农村基层党组织文化凝聚力建设是新时代推进乡村振兴的题中之义。乡村文明、乡村振兴、农业现代化，三者之间尽管具有不同的现实指向和现实侧重，但是贯穿三者之间的一个共同内核就是“文化元素”。乡村文化建设的较高阶段是乡村文明的实现，乡村文明也理应是乡村文化振兴的现实追求，在此基础之上才可能真正实现农业现代化的建设目标。客观上而言，文化基因、文化记忆、文化元素、文化习俗等应该贯穿于新时代乡村建设的始终。为此，农村基层党组织在推进自身文化凝聚力建设的同时，既要立足于当前，也要着眼于长远；既要着力于培养农村基层党组织的文化建设人才，持续推进农村基层党组织的文化凝聚力，又要高度重视农村基础教育的持续投入。一方面，通过加强农村基础教育，积极营造重视教育、重视文化的良好氛围；另一方面，通过加强农村基础教育，为农村基层党组织文化凝聚力建设持续提供补充力量。

新时代加强农村基层党组织文化凝聚力建设需要着力加强农村文化建设人才培养。农村基层党组织文化凝聚力建设是一个系统工程，涉及方方面面的相互协同，其中发挥关键作用的是农村文化建设人才。只有培养一批具有一定的政治素养和文化素养的农村文化产品建设人才，才能有效提升农村基层党组织的文化凝聚力。首先，培养农村文化建设人才需要有“政治”意识。良好的农村文化产品的功能本质上是进一步促进社会主义核心价值观的有效传播，进一步促进人民群众凝心聚力，是推进新时代乡村振兴的现实需要。因此，农村文化建设人才客观上需要具备较强的政治意识，即能够站在党和国家需要的立场上，敏锐捕捉社会热点，有效嫁接当地特色，进而实现农村文化产品建设的现实需要，真正生产出深刻反映新时代火热的农村生活、深受人民群众喜爱的农村文化产品。当然，生产这些农村文化产品可以同数字乡村建设等相结合，形成良好的社会效应。其次，培养农村文化建设人才需要有“整合”思维。这种“整合”思维实则是一种跨界人才培养理念，即鉴于农村的人力资源现状，农村基层党组织不可能安排专人负责此事，一般而言都是一人兼“数职”。因此，农村基层党组织要从现有的人力资源中选派具有一定基础的党员干部或业务骨干承担这项专门工作，这是从人才选派上的一种整合理念的要求。最后，培养农村文化建设人才需要有“嫁接”意识。符合当地实际和文化特色的农村文化产品才会有生命力，才会得到人民群众的拥护和传播；反

之，尽管一些文化产品十分“高大上”，但在广大农村没有任何传播基础和传播群体。这就表明，培养农村文化建设人才需要注意，在生产文化产品的时候要立足于党的文化宣传的现实需要，充分吸取本地的文化元素和文化特色，有效实现农村文化产品与本地特色的良好“嫁接”，这样的农村文化产品才会有生命力和持久力。

值得注意的是，农村文化建设人才的培育过程是持久工程，也是筑基工程。

确保农村文化产品人才建设持续进行，需要培养浓郁的学习氛围和尊师重教的优良传统。因此，新时代推进乡村振兴既要有立竿见影的现实考量，诸如从产业发展、人才引进、文旅特色等视角进行突破，又需要有一种“根”意识和“根”文化理念，需要格外注重培育农村文化建设人才养成的肥沃土壤。因此，加大农村基础教育，表面是一种“慢”动作，实则是一种“根”思维和“根”意识，具有十分重要的现实价值。

第四节　农村基层党组织群众服务力建设

中国共产党作为马克思主义执政党，具有始终坚持人民性的鲜明品格。中国共产党的党性和人民性两者是内在统一的。中国共产党要始终同人民在一起，坚持为绝大多数人谋利益，全心全意为人民服务，这是共产党先进性的本质体现，是中国共产党区别于其他任何政党的根本标志①。马克思、恩格斯指出：“过去的一切运动都是少数人的，或者为少数人谋利益的运动。无产阶级的运动是绝大多数人的，为绝大多数人谋利益的独立的运动。”②由此可见，中国共产党自身的阶级属性决定了中国共产党的行为指向。中国共产党是始终代表广大人民根本利益的政党，始终坚持全心全意为人民群众服务的根本宗旨。作为中国共产党的“神经末梢”，农村基层党组织承担着重要的政治功能、经济功能、文化功能，这些归根结底都是服务功能。因此，新时代加强农村基层党组织群众服务力建设正是践行党的宗旨、履行党的职责的重要要求。

加强农村基层党组织群众服务力建设是中国共产党政党属性的本质要求。阶级性是政党的本质属性。政党的阶级性决定了政党本身的行为价值取向。

---

① 李斌雄．中国共产党自身建设百年基本经验研究［J］．马克思主义研究，2021（1）：102-114.

② 马克思，恩格斯．马克思恩格斯选集：第一卷［M］．北京：人民出版社，2012：411.

《中国共产党章程》在总纲里明确指出，中国共产党“是中国工人阶级的先锋队”“中国人民和中华民族的先锋队”“代表中国最广大人民的根本利益”等。《中国共产党章程》的这些表述，深刻阐明了中国共产党的政党属性和根本宗旨。中国共产党的唯一服务对象就是广大人民。“人民是我们党执政的最大底气，是我们共和国的坚实根基，是我们强党兴国的根本所在”①。加强农村基层党组织群众服务力建设的根本指向就是充分体现中国共产党立党为公、执政为民的本质要求。

一、提升农村基层党组织的群众服务意识，引领广大农村党员干部从服务理念、服务态度等方面进行自我革命

新时代农村基层党组织的群众服务能力的提升，关键在于农村基层党组织的关键群体、党员干部、业务骨干等能够首先从主观认知上达到一定的高度。因此，需要引领农村基层党组织的党员干部群体进行深刻的自我革命，切实从主观认知和工作理念等方面自我觉醒。只有理念上发生了深刻转变，才能由此逐渐实现个体行为的不断转变。也就是说，只有个体的理念认知得到了提升，才可能有相关行为模式和服务态度上的转变。

加强新时代农村基层党组织的群众服务力建设的前提是切实转变农村基层党员干部群体的价值理念。转变农村基层党组织党员干部群体的价值理念需要多管齐下地开展各项工作。首先，重视农村基层党组织党员干部群体理论学习的实效性，通过理论提升实现理念转变。马克思指出：“批判的武器当然不能代替武器的批判，物质力量只能用物质力量来摧毁；但是理论一经掌握群众，也会变成物质力量。”②注重马克思主义理论教育是中国共产党革命、建设和改革取得胜利的重要保证。因此，农村基层党组织需要高度重视理论教育，教育引导农村基层党员干部群体深刻认识到中国共产党的党性要求和人民立场；深刻认识到中国共产党将历史唯物主义的群众观点与中华文化的“民本思想”相结合，确立的“群众路线”在党的群众工作、领导方式、决策机制和治国理政等方面的“生命线”的地位③，这是马克思主义中国化的理论成果，彰显了中国共产党的民本情怀和价值指向等。只有农村基层党组织党员干部群体切实从理念提升、主观认知上进行自我革命，进行主观上的自我唤醒，才能把农村基层党组织建设成为真正的战斗堡垒。值得反思的是，当前部分农村基层党

---

① 习近平. 习近平谈治国理政：第三卷［M］. 北京：外文出版社，2020：137.

② 马克思，恩格斯. 马克思恩格斯选集：第一卷［M］. 北京：人民出版社，2012：9.

③ 习近平. 习近平谈治国理政［M］. 北京：外文出版社，2014：365.

组织的理论学习仍然存在形式化等问题，无法真正通过理论学习促进党员干部自我提升。在实践中，凡是搞得好的村组织，共同特点就是经常开会，或者学习上级要求，或者研究村级事务。每次开会都既抓学习又抓工作，既保证了严肃性又体现了实效性，避免了形式主义和“两张皮”的问题①。因此，认真开展理论学习，认真进行工作研究，把理论学习与工作研究结合起来，一定会进一步提升农村基层党组织党员干部群体的服务意识和服务水平。同时，要改变农村基层党组织党员干部群体的理论学习方式，把农村基层党组织的理论学习与工作实践紧密结合。农村基层党组织要避免将常规的集中理论学习枯燥化和文本化，尽量在学习方式、学习载体和学习内容上与农业农村发展紧密结合。其次，重视农村基层党组织党员干部群体的实践研修，在实践研修中潜移默化地转变价值理念。一个人的价值理念能否转变取决于多种因素，外界事物的“刺激”是个体的价值理念实现转变的重要因素。因此，农村基层党组织需要高度重视对农村党员干部群体的针对性培训和系统性研修，要采取结对帮扶等方式促进农村基层党组织党员干部群体的理念转变。只有具有服务意识、发展意识，在服务中实现发展，在发展中加强服务，才能逐步实现两者之间的良好结合。农村基层党组织的实践研修，既要“眼光向外”，也要“眼光向内”。也就是说，既要重视组织农村基层党组织党员干部外出学习调研，又要加强农村基层党组织党员干部群体的内部实践磨砺。只有在深入人民群众的磨砺中，农村党员干部的理念才会随之改变，从而进一步提升服务群众、帮助群众的意识。

总体而言，加强农村基层党组织的群众服务力建设，首要工作在于转变农村基层党组织的价值理念。理念的革命是行动的保证。只有从理念层面进行转变，完成自我革命和自我觉醒，才会有行为方式的转变。因此，促进农村基层党组织党员干部群体的理念转变和价值理念提升，进而促进农村基层党组织中党员干部群体的服务态度转变，是新时代农村基层党组织群众服务力的实践路向。

二、注重农村基层党组织的群众服务能力建设，加强农村基层党组织的党建工作责任制、党员干部激励保护和专门化人才培养

农村基层党组织组织力建设涉及较多层面，其中农村基层党组织的群众服务力建设是关键，是根本。自中国共产党成立以来，中国共产党始终与农村的

① 于涛. 组织工作道与行［M］. 北京：东方出版社，2022：105-106.

经济社会发展同频共振，始终紧密结合不同历史时期农村的主要矛盾开展工作，始终统筹推进农村的各项工作和各项任务，归根结底都是为了服务人民、帮助人民。1922 年，中共二大通过的《关于共产党的组织章程决议案》即指出："党的一切运动都必须深入到广大的群众里面去。"① 1934 年，毛泽东指出："一切群众的实际生活问题，都是我们应当注意的问题。假如我们对这些问题注意了，解决了，满足了群众的需要，我们就真正成了群众生活的组织者，群众就会真正围绕在我们的周围，热烈地拥护我们。"② 只有真正服务了人民，帮助人民群众解决了生产、生活的具体问题，才能真正获得人民群众的真心拥护。2017 年，党的十九大提出要"坚持以人民为中心""把党的群众路线贯彻到治国理政全部活动之中"③。由此可见，中国共产党始终高度重视群众的利益诉求、重视群众的具体问题，始终把人民群众放在第一位。因此，加强新时代农村基层党组织群众服务力建设正是切实践行服务群众、帮助群众的根本要求。

加强农村基层党组织的群众服务力建设，具体要落实到服务能力提升上，落实农村基层党组织的党建工作责任制、党员干部激励保护和专门化人才培养等方面。离开了基层党建责任制的落实、党员干部群体主观能动性的发挥以及一批懂党建和产业发展的业务骨干，农村基层党组织的群众服务力建设就没有办法真正落到实处。农村基层党组织的群众服务能力建设，需要农村基层党组织的党员干部以及农村其他业务骨干从思想上高度重视、从责任上逐步强化，充分发挥主观能动性，积极开展调查研究，全面把握农村各个群体的基本状况，有效加强服务群众、帮助群众的目标性和针对性。

加强农村基层党组织的群众服务能力建设，首先需要从农村基层党组织的党建工作责任制上进行落实。农村基层党组织党建工作责任制的内在价值指向是通过农村基层党组织党建引领社会治理，充分满足人民群众各方面的现实需要，协助人民群众实现自我发展和自我管理的一种互助服务的过程，这种互助服务实质就是农村基层党组织和人民群众之间的紧密联系和相互依存。农村基层党组织真正成为人民群众的利益代言人和实现者，这也是农村基层党组织党建责任制的最高目标和最大追求。落实农村基层党组织的党建工作责任制的前

---

① 中共中央文献研究室，中央档案馆. 建党以来重要文献选编（1921—1949）：第一册［M］. 北京：中央文献出版社，2011：162.

② 毛泽东. 毛泽东选集：第一卷［M］. 北京：人民出版社，1991：137.

③ 习近平. 习近平谈治国理政：第三卷［M］. 北京：外文出版社，2020：16-17.

提是科学制定责任目标和强化责任落地①。抓好农村基层党建责任制，具体就是抓服务人民群众的责任体系，这才是农村基层党组织党建责任制的主要内容，既要突出政治建设、理论学习、组织生活等常规方面，更要突出由“虚”变“实”，让农村基层党组织的每个成员明确自己的职责定位、服务群体和服务要求。抓好农村基层党组织的党建责任制，真正落脚到服务人民群众，还要注意推进党建和业务的深度融合。农村基层党组织要注重把党建工作与农村产业发展紧密结合，与农民的具体生活紧密结合，不断增强农村基层党组织的发展能力。由此可见，农村基层党组织党建责任制的最终指向就是促进群众服务能力的提升，这也是农村基层党组织有效增强群众服务能力的现实抓手。

农村基层党组织的服务能力建设归根结底需要落实到具体的党员干部的内生动力发挥和专门人才的能力提升上。有效发挥农村基层党组织党员干部的内生动力和主观能动性，关键在于加强对农村基层党组织的党员干部特别是村级党组织负责人的激励和保护。在调研中我们得知，当前较多农村基层党组织，特别是村级党组织全面实现“一肩挑”之后，农村基层党组织对农村经济社会发展的全面领导进一步加强，取得了较好的成效。但是，值得注意的是当前较多的村级党支部负责人的保障尚需进一步加强，比如较多村级党支部负责人一直呼吁购买社会保险等保障问题。相比较而言，较多农村在“一村一辅警”和幼儿园教师队伍建设中，普遍为“辅警”以及幼儿园教师等购买了社会保险等。若能全面统筹抓好农村基层党组织负责人的激励问题，这也必定能在一定程度上促进农村基层党组织的服务态度和服务能力提升。同时，对农村基层党组织的党员干部要加大保护力度，这里的“保护”，不是袒护和包庇，而是在合理范围内鼓励农村党员干部为了服务集体、服务人民、帮助人民，敢于“吃螃蟹”和“啃硬骨头”。在一定规则和要求下允许基层党员干部敢闯、敢试，建立一套“容错”和“纠错”机制，充分释放农村改革创新的活力。另外，农村基层党组织服务能力的提升，在剥离主观层面的认知、机制层面的构建、保障层面的加强等相关方面后，加强党务、技术骨干等专门化人才培养同样必要。服务人民群众不能只是主观认识和口号，更重要的是通过思想引领、技术帮扶，真正促进人民群众自身全面提升，增强人民群众的获得感。

---

① 任丽娟. 牵住责任制这个“牛鼻子”[EB/OL].(2020-08-21)[2022-09-11].https://dangjian.people.com.cn/n1/2020/0821/c117092-31832149.html.

三、重视农村基层党组织的群众服务方式变革，学习运用信息技术、构建工作机制或服务平台以创新服务方式

新时代农村基层党组织的群众服务力建设，既取决于农村基层党组织党员干部群体自身的理念转变，又要让党员干部群体的服务能力提升，同时也需要农村基层党组织在群众服务方式上进行更新和变革。当然，农村基层党组织党员干部群体的服务能力建设本身内在地包含了服务方式等相关方面。但是，这更多强调的是农村基层党组织在新技术、新载体和新模式等方面的敏锐性和重视性。人民群众就是期望农村基层党组织真正解决现实问题。“群众不是从理论上，而是根据实际来看问题的，我们的错误就在于总是从理论上来看问题。”①面对信息技术的突飞猛进，在当前5G与AI不断融合，万物感知、万物互联、万物智能的数字社会加速到来的新时代②，农村基层党组织在服务方式创新上需要高度重视新时代的新技术、新机制和新平台。

新时代农村基层党组织群众服务力建设要注重引导农村党员干部和业务骨干加强学习和运用新的信息技术手段。一方面，农村基层党组织需要创设各种条件，着力提升农村基层党员干部和业务骨干的信息化能力。在乡村振兴视域下，农村基层党组织服务能力建设需要高度重视数字乡村建设的总体要求，以数字乡村建设为实践抓手全面推进新时代乡村振兴。实际上，数字乡村建设是整合城乡资源要素、实现农业现代化、满足农民对新时代美好生活需要的战略举措，是优先发展农业农村的关键。在数字经济不断推进的态势下，通过数字经济赋能农业农村现代化发展，客观上需要持续加强数字乡村建设，不断寻求乡村振兴的动力引擎。在这种现实背景下，农村基层党组织引导农村党员干部和业务骨干提升信息化能力，才能真正符合乡村振兴现实需要，才能真正解决农村经济社会发展的实际问题。另一方面，农村基层党组织要主动对接农业院校，积极吸引和对接农业院校的专家、教授，加强农村科学技术含量，提升农村产业发展的科学技术水平。在调研中我们发现，经济发展较好的农村基层党组织普遍重视引进专门的农业技术人才。农村基层党组织想方设法创建条件、提供待遇，充分发挥农业技术人才的作用，形成了良好的经济效益，壮大了集体经济，解决了人民群众的实际问题，有效提升了农村基层党组织的影响力。

农村基层党组织的群众服务力建设需要构建有效的服务机制和治理平台。

---

① 列宁. 列宁全集：第二十九卷 [M]. 北京：人民出版社，2017：103.

② 张璁. 把握信息革命历史机遇 [N]. 人民日报，2020-12-07 (5).

基层党组织通过有效的服务机制和治理平台，充分发挥农村基层党组织党建引领社会治理的积极作用。在服务机制构建上，农村基层党组织要着力构建结对帮扶机制、信息公开机制、群众评议机制、诉求表达机制、督查落实机制等①。通过建立相关机制，就能有效解决人民群众中的具体问题，进而真正做到密切联系群众。

毛泽东指出："我们共产党人好比种子，人民好比土地。我们到了一个地方，就要同那里的人民结合起来，在人民中间生根、开花。"② 只有通过构建有效机制，密切联系群众，才能将农村基层党组织的群众服务落到实处。在治理平台建设上，新时代农村基层党组织需要加强多元治理主体培育，搭建"一核多元"的治理平台。满足群众的需要是新时代农村基层党组织的群众服务力建设的根本旨归，加强群众服务力建设的内在要求指向基层党组织治理水平的有效提升。近年来，我国社会变化巨大，社会阶层结构发生变迁、社会组织迅速发展，基层社会治理的需求也伴随着这些新情况的出现发生了明显变化。"化解基层社会矛盾，维护社会稳定；协调各利益主体的关系，避免社会分化；建立健全社会规则规范等成为当前我国基层社会治理的重要需求。"③为此，加强农村基层党组织群众服务力建设，需要有效形成农村基层党组织党建引领社会治理的合力。当前，乡村振兴视域下农村基层党组织和农村行政机构不可能成为基层社会治理的"独唱者"，农村基层党组织需要切实加强对不同治理主体的培育。"非政府组织的力量不可能是全部内生的，它需要外部力量的推动以及合适的成长环境，这个重任更多地落在了地方政府的身上。"④基于此，提升新时代农村基层党组织的群众服务力，需要高度重视对不同治理主体的培育，注重从外出务工等社会精英群体中进行政治吸纳，更要注重对社会上不同的经济团体和社会团体进行组织嵌入。另外，农村基层党组织必须跳出"就党建谈党建"的狭隘思维、跳出"就服务谈服务"的思维定式，自觉与基层社会建设相结合、融入基层社会治理中，形成以基层党建统领基层社会建设、以基层服务型党组织建设统领基层社会治理的工作局面⑤。

---

① 王福宏. 探索建立服务群众的新机制［J］. 党建，2014（5）：36.

② 毛泽东. 毛泽东选集：第四卷［M］. 北京：人民出版社，1991：1162.

③ 陶焘. 充分发挥党建对基层社会治理的引领功能［N］. 光明日报，2018-07-13（6）.

④ 郭蕊，麻宝斌. 全球化时代地方政府治理能力分析［J］. 长白学刊，2009（4）：67-70.

⑤ 周浩集. 基层服务型党组织建设：动因、架构及其路向［J］. 探索，2015（4）：42-46.

第五节　农村基层党组织创新发展力建设

党的二十大报告指出："坚持大抓基层的鲜明导向，抓党建促乡村振兴。"① 党的二十大报告强调了加强基层党组织组织力建设的基本内容和重要目标，特别提出了基层党组织要注意推进乡村振兴这个关键问题。当前，实施乡村振兴战略和建设社会主义新农村的发展目标都必须依靠农村基层党组织来稳步推进。新时代农村基层党组织组织力建设的基本内容同样是"宣传党的主张、贯彻党的决定、领导基层治理、团结动员群众、推动改革发展"，最终也需要落脚到推动改革发展上去。加强农村基层党组织创新发展力建设，归根结底就是要通过农村基层党组织建设的探索创新，积极构建农村基层党组织引领乡村振兴的创新机制，大力促进农村集体经济快速发展，充分发挥农村基层党组织的经济功能，不断增强农村基层党组织的"财政能力"，以此进一步提升农村基层党组织对农村各项建设的统筹力度，切实增强人民群众的现实获得感。

一、结合新时代农村经济社会发展现状，探索农村基层党组织自身建设的模式创新和党建引领社会治理的路径创新

当前，中国农村已经进入脱贫攻坚巩固期和乡村振兴发力期的"衔接关键期"，中国广大农村由于区域差异、经济差异和人才差异，不同的农村存在不同的发展基础。部分省市的农村，特别是沿海经济发达地区的农村和西部欠发达地区的农村，发展基础存在较大差异。由于不同的区域差异和发展差距，以及相应的人力资源储备状况等诸多因素的影响，农村基层党组织必须紧密结合当地农村经济社会发展现状，创新性地进行自身建设和推进工作，因地制宜地解决各种现实问题。因此，农村基层党组织需要进一步加强自身建设的模式创新以及党建引领社会治理的路径创新。

新时代加强农村基层党组织自身建设的模式创新是基于不同区域农村的客观实际的现实要求。中国广大农村总体已经进入了脱贫攻坚成果巩固期和乡村振兴发力期的关键时期，不同地区的农村具有不同的现实境况和发展基础。部

① 习近平．高举中国特色社会主义伟大旗帜 为全面建设社会主义现代化国家而团结奋斗：在中国共产党第二十次全国代表大会上的报告［N］．人民日报，2022-10-26（1）．

分经济发达地区农村基层党组织“财政能力”充足，农村基层党组织能够规范开展组织建设的“基本动作”，并且能够针对本地实际开展基层党组织自身建设的“创新工作”。针对本地的人民群众对美好生活的不同需要，经济发达地区的农村基层党组织能够提供“菜单式”的服务活动和服务项目。对于经济欠发达地区的农村基层党组织，特别是集体经济几乎为零的现状下，基层党组织需要统筹抓好安全稳定和经济发展、基础建设与功能设施等方方面面。因此，农村基层党组织在自身建设模式上需要紧密结合不同的经济基础，针对性地进行自身建设的模式创新。一方面，经济发达地区的农村基层党组织要在传统组织建设的基础上，针对性地调查研究当地人民群众对美好生活需要的现实侧重，进而针对性地加强自身相关方面的能力建设和活动开展。例如，在发达城市周边农村，由于这些农村村民通过发展乡村旅游、开展“农家乐”等经济项目，率先在经济上实现了富足，同时农村村级党组织的集体经济收入也较为雄厚。在此情形下，农村基层党组织就需要迫切提升自身的政治引领能力和文化凝聚力，确保能对已经物质富足的人民群众进行社会主义新农村建设方向的战略引领和文化引领，推进这些区域逐渐实现“物质文明和精神文明相协调的现代化”①。如果农村基层党组织缺乏这些方面的政治站位和能力素养，这些发达城市的周边农村就容易在经济浪潮中偏离社会主义核心价值观建设的发展方向。另一方面，针对经济欠发达地区的农村，特别是部分少数民族地区，农村基层党组织更加需要在发挥好政治功能的同时，全面提升自身抓经济、抓发展的能力，切实解决当地农村人民群众的“可持续生计能力”，不断带领当地人民群众走向共同富裕。在这种情形下，农村基层党组织要立足于当地经济社会发展现状，进一步加强自身的群众服务力和创新发展力，更好地服务群众、帮助群众和引领群众，在此基础上全力提升农村基层党组织的经济发展能力，加强产业发展和产业创新，力争实现全体人民群众的共同富裕。

新时代加强农村基层党组织的创新发展力建设，不但需要农村基层党组织依据不同地区农村经济社会发展现状针对性地加强自身建设，更需要农村基层党组织积极探索党建引领社会治理的创新路径。新时代农村基层党组织要以农村社会治理的有效性为目标，创新乡村治理的手段方式、体制机制，不断提升农村基层党组织引领乡村社会治理的能力。农村基层党组织要积极运用新的信息化平台，充分借助国家大力推进数字乡村建设的重要契机，加强自身社会治

① 习近平. 高举中国特色社会主义伟大旗帜 为全面建设社会主义现代化国家而团结奋斗：在中国共产党第二十次全国代表大会上的报告［N］. 人民日报，2022-10-26（1）.

理的信息化、网络化、数字化、智慧化建设。尽管当前部分欠发达地区农村仍然存在人才困境、信息困境，但是时代的潮流滚滚向前，信息化、网络化、数字化、智慧化已成为当今经济社会发展的大趋势。全球正在加速进入以万物互联、泛在智能为特征的新信息时代，网联、物联、数联、智联深度交织、持续演进，数字化转型不断深化，数字化改革号角吹响，人类正在迈入一个以数据生产要素和数字化生产力为主要特征的全新历史阶段①。在这样一个数字化浪潮之下，数字经济突飞猛进，同时也在深刻重塑数字政府和数字社会。新时代农村基层党组织无论发展基础如何、人才储备如何，都需要敏锐捕捉时代潮流的发展趋势，迅速进行相应的治理方式、治理手段和治理路径的变革，进而探寻符合新的时代潮流的治理模式变革。

二、构建新时代农村基层党组织引领乡村振兴的创新机制，提升农村基层党组织建设社会主义新农村的统筹能力

“十四五”时期是我国由全面建成小康社会向基本实现社会主义现代化迈进的关键时期。在这个关键时期，较多因素都会影响和制约我国的战略发展之路。其中，乡村能否振兴，农业现代化能否实现，都是影响我国成为社会主义现代化强国的重要因素。因此，在这种时代境遇之下，农村基层党组织作为中国共产党治国理政的“神经末梢”和“最后一公里”，具有十分重要的时代责任和历史使命。

新时代、新机遇、新挑战。新时代农村基层党组织的创新发展力，实质上是农村基层党组织运用创新理念和创新机制、创新路径全面推进乡村振兴、建设社会主义新农村的能力和素质。新时代加强农村基层党组织的创新发展力，归根结底需要落脚到农村基层党组织引领乡村振兴的机制和路径之上。只有通过构建农村基层党组织引领乡村振兴的创新机制，有效促进农村产业、文化、生态、人才、组织五个方面的振兴，才能真正体现出农村基层党组织的创新发展力，才能真正提升农村基层党组织建设社会主义新农村的统筹能力，才能真正解决人民群众对美好生活的现实需要。农村基层党组织的创新发展力不能仅仅是组织内部的自我建设和自我提升，更重要的是通过一定的机制路径展现出农村基层党组织创新协调、有效联动、推动改革发展的能力。具体而言，立足于农村基层党组织引领乡村振兴的机制创新，着力加强新时代农村基层党组织的创新发展力，可以从以下方面进行思考：一是积极构建新时代农村基层党组

① 单志广. 数字化催生市域社会治理模式变革［N］. 法治日报，2021-03-17（5）.

织引领乡村振兴的衔接机制。农村基层党组织要统筹做好脱贫攻坚巩固期和乡村振兴发力期的“衔接关键期”的统筹协调。优化农村相对贫困户的返贫风险检测机制和可持续生计促进机制建设等。二是积极构建新时代农村基层党组织引领乡村振兴的动力机制。农村基层党组织需要调研分析所在区域当前推进乡村振兴的现实堵点、现实症结和现实挑战等相关问题，需要有效构建促进农村基层党组织引领乡村振兴的内生动力机制和外部动力机制，从内外动力养成的角度进行加强和促进。三是积极构建新时代农村基层党组织引领乡村振兴的引领机制。农村基层党组织的创新发展力建设，不是农村基层党组织的“独唱”，而是农村基层党组织引领不同社会利益主体进行有效协同的建设过程，通过有效发挥农村基层党组织的示范引领作用，加强农村基层党组织的核心领导地位建设，确保始终坚持社会主义新农村建设的正确方向。四是积极构建新时代农村基层党组织引领乡村振兴的协同机制。新时代农村基层党组织需要针对不同社会利益主体进行示范引领，确保新时代农村建设的社会主义方向，更要充分发挥多元社会利益主体的协同共建作用，有效激发社会资本、高校技术人才和新乡贤的作用，有效形成农村基层党组织的协同作用。五是积极构建新时代农村基层党组织引领乡村振兴的保障机制。农村基层党组织是新时代农村经济社会发展的核心领导力量，也是重要的保障力量。农村基层党组织需要有效整合所有保障资源，切实满足农村基层党组织的保障和调度的需要。

总体而言，新时代农村基层党组织创新发展力建设应该具体落实到当前乡村建设的重要任务之上，落实到新时代创新开展农村各项建设的机制和路径之中。农村基层党组织的这种创新发展力建设，既需要农村基层党组织自身建设的加强、自身核心理念的突破，又需要通过相应的工作载体、工作模式和工作路径去推进和提升。新时代农村基层党组织创新发展力建设首要任务在理念改变，关键在机制落实，重点在产业发展，基础在协同保障，通过创新发展不断增强农村基层党组织的“经济力”和“话语权”，提升人民群众的“获得感”。

三、增强新时代农村基层党组织发展壮大集体经济的能力，使农村基层党组织具备自身造血功能

创新发展力是新时代农村基层党组织组织力建设的核心要求和现实需要。一个组织只有始终保持创新的敏锐性和发展的持续性，才能确保这个组织能够不断自我完善和持续发挥积极作用。新时代农村基层党组织的创新发展力建设最终需要落脚到持续推进和发展壮大集体经济上去。发展壮大集体经济是新时代农村基层党组织创新发展力的现实指向和具体呈现。新时代农村基层党组织

的创新发展力体现为一种创新意识和创新精神，更体现为一种寻求产业发展机遇、提升地方经济发展的综合能力。更重要的是通过加强农村基层党组织的创新发展力，着力提升农村基层党组织的自身造血功能，确保农村基层党组织能够在创新发展中不断提升自身的经济功能、服务功能和引领功能。

党的十九大报告指出，实施乡村振兴战略，要“巩固和完善农村基本经营制度”“深化农村集体产权制度改革，保障农民财产权益，壮大集体经济”①。由此可见，发展壮大农村集体经济是实施乡村振兴战略的重要实践路向。新时代农村基层党组织发展壮大的集体经济是一种新型农村集体经济，不是传统的“一大二公”的集体经济，而是集体成员边界清晰、集体产权关系明确的股份合作经济。新型农村集体经济的实现方式多种多样，包括股份经济合作社、土地股份合作社、村党支部+合作社等多种形式②。针对新型农村集体经济，中共中央、国务院印发的《乡村振兴战略规划（2018—2022年）》，谋划了乡村振兴的基本框架，提出要积极发展新型农村集体经济，夯实乡村振兴的基础③。因此，新时代农村基层党组织需要明确了解新型农村集体经济的内涵特征，紧密结合自身所在农村的客观实际，始终坚持党建引领农村集体经济发展的基本逻辑④，大胆探索，积极开拓创新，寻求党建引领新型农村集体经济的发展模式，充分释放农村经济社会发展的活力。

农村基层党组织通过党建引领集体经济发展是建设社会主义新农村的本质内蕴，也是新时代加强农村基层党组织创新发展力的现实抓手。农村基层党组织的创新发展力体现为通过党建引领农村集体经济发展壮大的能力。党建引领农村集体经济发展首先要创新农村基层党组织自身建设。建成一个立场坚定、坚强有力和群众拥护的基层党组织，选拔一位德才兼备、甘于奉献、勇于创新的基层党组织负责人，这是新时代农村基层党组织真正具备创新发展力的前提。贵州省安顺市塘约村“塘约经验”的关键一条就是创新基层党组织建设。塘约村党组织在基层党组织建设创新方面的举措是，对全体党员实施“驾照式”积分管理，推行党员“网格化”服务，这就通过制度创新推动了党员融

---

① 习近平. 决胜全面建成小康社会 夺取新时代中国特色社会主义伟大胜利：在中国共产党第十九次全国代表大会上的报告［N］. 人民日报，2017-10-28（1）.

② 宗成峰，李明. 党建引领新型农村集体经济发展：基本逻辑、现实困境与实践进路［J］. 理论视野，2020（9）：81-85.

③ 中共中央 国务院印发《乡村振兴战略规划（2018—2022年）》［N］. 人民日报，2018-09-27（12）.

④ 宗成峰，李明. 党建引领新型农村集体经济发展：基本逻辑、现实困境与实践进路［J］. 理论视野，2020（9）：81-85.

入村民群众，激活了党员发挥先锋模范作用服务群众的热情①。塘约村是党建引领集体经济发展与乡村振兴的典范。“塘约经验”的核心做法就是党建+“三权”+“村社一体”合作社+产业扶贫+金融发展②，其中关键在于党建引领，在于塘约村的基层党组织负责人、党员干部得到了村民的信赖和拥护。由此可见，在新的历史时期，在新时代全面推进乡村振兴的时代潮头，农村基层党组织党建引领新型农村集体经济发展的关键在于有一批领头人、示范者和奉献者，而这批领头人、示范者和奉献者需要基层党组织有效选拔和积极培育。

党建引领农村新型集体经济持续发展，需要充分发挥农村基层党组织的政治优势，有效进行农村经济社会的再动员，充分激发农民群体的内生动力，“带动”而非“代替”村民发展生产。例如在山东省烟台市“党支部领办合作社”实践中，出现了党建引领农村集体经济发展的鲜活案例。山东省烟台市推出的“党支部领办合作社”，强调在发展集体经济过程中建立与村民的利益关联，“带动”而不是“代替”村民发展生产。在发展集体经济的过程中，当地党组织推动了村庄社会的再组织化③。山东省烟台市“党支部领办合作社”实践活动参与者对当地经济社会发展现状进行了科学调研，实现了对村民和每名党员的高度动员，充分汲取了每位党员、群众的意见和建议，体现了对群众智慧的收集和整合，真正实现了对农村社会的再组织化和再动员化，激活了农村基层治理，取得了显著的成效。

第六节　农村基层党组织组织力建设的保障机制

一、建立健全农村基层党组织组织力建设的主体责任机制

新中国成立以来，中国共产党“始终使农村基层党组织的建设目标与不同时代的乡村发展诉求同频共振”④。中国共产党始终牢牢抓住农村基层党组

① 李汉卿. 党建引领集体经济发展与乡村振兴：塘约经验［J］. 毛泽东邓小平理论研究，2020（7）：31-38.

② 李汉卿. 党建引领集体经济发展与乡村振兴：塘约经验［J］. 毛泽东邓小平理论研究，2020（7）：31-38.

③ 陈义媛. 农村集体经济发展与村社再组织化：以烟台市“党支部领办合作社”为例［J］. 求实，2020（6）：68-81.

④ 霍军亮，吴春梅. 乡村振兴战略下农村基层党组织建设的理与路［J］. 西北农林科技大学学报（社会科学版），2019（1）：69-77.

织这个关键，推进中国农村基层治理的实践。党的十八大以后，农村基层党组织建设得到了持续增强，取得了一定的成效，但是部分地区不少基层农村空壳化的现状与高标准的党建要求形成了较大的反差。加强新时代农村基层党组织组织力建设缺乏现实的根基和人力资源的储备，从而导致部分农村基层党组织处于一种尴尬境地。这些农村基层党组织只有真正褪去“基层疲惫”，从政治上进一步提升，从能力上进一步加强，才能真正全面加强自身的组织力。也就是说，新时代农村基层党组织需要站在农业现代化的时代境遇下，站在中华民族伟大复兴的历史场域中，进一步明确使命，振奋精神，充分发挥主体作用，才能在复杂的农村社会治理实践中发挥好政治引领作用。

具体而言，关于建立健全新时代农村基层党组织组织力建设的主体责任机制，需要从以下三个方面加强。一是加强农村基层党组织的主体责任意识。在调研中我们发现，一些农村基层党组织在如何强化其领导核心地位的问题上认识不够充分，主体责任意识和使命感不强等；一些基层党组织在落实主体责任的过程中，出于思想意识和工作体制等多方面的原因，仍然存在管党治党责任不到位的情况。面对这些问题，一方面，要着力加强农村基层党组织的履职意识、要加大压力传导，推进政策落实；另一方面，要加大教育培训力度，着力提升其敢担责、能担责、能顶事的主体责任意识。通过提升农村基层党组织的主体责任意识，加大压力传导，积极督促农村基层党组织主要负责人和党员干部主动履职，积极承担责任，防止轻业务、重党建的现象发生；避免不切实际，重表态、轻实践等问题。只有切实增强农村基层党组织的管党治党责任意识，建立健全农村基层党组织组织力建设的主体责任机制，才能真正促进农村基层党组织组织力建设提升。二是明晰农村基层党组织的主体责任范围。农村基层党组织需要明确加强基层党组织的政治引领力、社会号召力、文化凝聚力和群众服务力的基本路径和现实目标。在农村基层党组织的政治引领力建设方面，要注意引导农村基层党组织在实际工作中，不断提升自身的先进性意识和思想觉悟；在领导推进乡村振兴战略的过程中，主动强化政治引领，突显基层党组织的政治功能，充分发挥出农村基层党组织始终紧密联系人民群众的传统和优势，充分发挥党员的先锋模范作用。在农村基层党组织的社会号召力方面，基层党组织要明确“党是领导一切的”根本原则，坚持以党建引领农村社会治理各项工作，对于村级重要工作、重大项目、重大事项等，都要在村级党组织的主导下进行，让党组织的核心地位、核心作用硬起来，同时还要充分发挥党内民主带动人民民主的作用。在农村基层党组织的文化凝聚力和群众服务力建设方面，基层党组织要从主体责任上进行统筹考虑，诸如通过新乡贤文化引领、制定村规民约等。另外，针对乡村产业发展、技术服务和农民的培训提升，以及农民养老等关系民生的现实问题，都是农村基层党组织组织力建设的主体责任范围。当然，一方面需要上级财政组织给予一定的经费支撑，另一方面也需要基层党组织招商引资、发展产业特色，壮大集体经济的实力，这是农村基层党组织组织力建设的物质保证。三是加强对农村基层党组织的主体能力的培训提升。面对新时代党和国家治理新要求与农村经济社会环境快速转变的新境况，农村基层党组织需要常态化地对基层党员干部进行理论武装，全面提升农村基层党组织党员干部的胸怀、境界、智识和精神。在持续加强农村基层党员领导干部理论培训提升的基础上，农村基层党组织更要把农村党员干部的理论学习和实践研修紧密结合起来，持续加大农村党员干部的实践研修力度。“实践是主客体间的现实桥梁，是所有理论和认识的基础。”①通过持续加强农村基层党员干部的实践研修，才能有效促使他们把掌握的理论转变为乡村治理的现实行动。

二、建立健全农村基层党组织组织力建设的监督激励机制

结合农村经济社会发展现状，加强农村基层党组织组织力建设，需要着力在农村基层党组织的政治引领力、宣传号召力、文化凝聚力和群众服务力上进行突破。一方面，需要农村基层党组织完成主体意识的觉醒，进一步从主体责任机制建设上进行夯实；另一方面，需要建立健全农村基层党组织组织力建设的激励保障和考核监督机制。激励机制主要着眼于经济待遇和政治待遇两个层面，切实让农村基层党组织负责人的基本收入得到提升，如在社保购买、基本补贴和晋升路径方面进一步明晰化，真正让干事创业、能力出众和群众基础好的村级支部负责人有机会进入乡镇干部的序列。提供优秀基层党组织负责人进入相关级别的省、市级党校或乡村振兴研究院，或者农业发达的先进省、市等区域挂职锻炼的机会，多渠道进行激励和培训提升。但值得注意的是，部分地区积极探索实施村级党组织负责人“脱产化”“职业化”，或者进入脱产干部管理序列等，这要根据不同农村的实际情况，具体问题具体分析，不能采取“一刀切”的模式在全国进行推广实践。

根据《中国共产党农村基层组织工作条例》（自 2018 年 12 月 28 日起施行）第六章第十九条“村党组织书记应当通过法定程序担任村民委员会主任和村级集体经济组织、合作经济组织负责人”，以及中共中央、国务院印发

① 岳俊辉，牛余庆. 科学认识论与党员干部信仰培育［J］. 理论探索，2021（3）：49-54.

《乡村振兴战略规划（2018—2022 年）》第二十五章第一节“坚持农村基层党组织领导核心地位，大力推进村党组织书记通过法定程序担任村民委员会主任和集体经济组织、农民合作组织负责人”等，当前全国农村基本实现了村级党组织负责人“一肩挑”的运行模式。这种运行模式一方面能增强农村基层党组织对农村的全面领导，增强办事效率，另一方面由于村级党组织负责人“一肩挑”权力相对集中，弱化了组织内部约束，客观上容易造成“一言堂”现象，对村级党组织负责人的管理监督难度增大，容易导致腐败等问题。鉴于此，建立健全农村基层党组织监督考核机制具有现实必要性。

具体而言，关于农村基层党组织组织力建设的监督考核机制，需要从以下三个方面切入：一是建立健全农村基层党组织的权力监督和约束机制。农村基层党组织能否在集体经济等乡村事务上做到规范透明，事关乡村振兴战略的实施和农村改革发展稳定大局，也直接影响党在农村执政地位和执政基础的稳固。采取相关举措，避免村级干部的权力滥用，关键在于制度有用、程序透明和村务公开。不同地区农村的具体情况不同，关于村委议事规则，特别是村级重大事项等问题的决策方面，应严格做好“四议两公开”，严格执行决策程序，扩大基层民主，切实保障农民的知情权、参与权等民主权利，自觉接受党内外监督；可以采取村民代表列席村委会制度或重大决策村民集体投票制度等。二是要加大农村巡查工作力度，织密农村“廉政防护网”。积极推进农村巡查和“微腐败”整治工作，充分发挥纪检监察机关的监督作用，严肃查处并严厉打击在涉农资金拨付以及选人用人等方面存在的侵害农民利益的腐败现象。另外要针对一些群众反映能力差、得过且过或者贪腐的农村基层党组织负责人，构建一套有效约束机制，切实从制度设计上有效规避基层治理中的腐败问题。邓小平指出：“制度好可以使坏人无法任意横行，制度不好可以使好人无法充分做好事，甚至会走向反面。”① 必须从制度设计上加大对基层党组织党员干部“微腐败”的惩戒力度，进而形成良好的基层社会治理新格局。三是建立健全农村基层党组织党建引领社会治理的考核制度。农村基层党组织组织力建设的现实依归是看农村基层党组织党建引领社会治理的成效。一方面，需要明确农村基层党组织的考核指标和具体内容。考核指标就是解决“考核什么”的问题。要突出考核的结果导向和现实效果，更要考核基层党组织完成基础党务工作的同时推动农村经济社会发展的实招、硬招等，强调农村基层党组织在脱贫攻坚成果巩固和乡村振兴的现实载体、平台以及路径等方面的突

① 邓小平. 邓小平文选：第二卷［M］. 北京：人民出版社，1994：333.

破等。要严格明确工作责任内容、责任主体、责任期限等，层层压实责任，增强考评制度的可操作性。另一方面，注意考核方式的科学性，也就是解决“怎么考核”的问题。针对农村基层党组织的考核工作，切不可陷入“文牍主义”和“形式主义”，主要是侧重以党建引领经济发展成效为导向，以具体经济社会发展为目标，考核农村基层党组织在政治引领、动员激励、文化凝聚、服务群众、创新发展方面的具体成效等，真正聚焦在农村基层党组织组织力和人民群众满意度等的提升上。

三、建立健全农村基层党组织组织力建设的协同推进机制

加强农村基层党组织组织力建设，需要切实关注农村基层党组织组织力建设的外部环境的影响。本书在总结国外关于组织理论方面的研究时提出，从马克斯·韦伯、彼得·圣吉，再到西方后来的管理学家，他们对组织的看法从组织是高度结构化的封闭系统变为组织是开放的社会技术系统，并且对组织建设与外部环境，特别是文化环境进行了丰富的论述，强调组织建设客观上受到社会多元系统的综合影响，不能单一地从组织本身进行思考和架构。因此，加强农村基层党组织组织力建设需要借力和整合社会资源，构建协同推进机制。

构建农村基层党组织组织力建设的协同推进机制，需要从农村基层党组织党建引领社会治理模式，建立健全自治、法治、德治相结合的乡村治理体系等方面进行加强。一是在农村基层党组织党建引领社会治理模式上，努力构建“一核多元、协商共治”的农村基层治理新格局。加强新时代农村基层党组织组织力建设，就内在地需要总体提升基层党组织的党建引领和协同治理水平。农村基层党组织组织力建设的提升需要农村基层党组织从治理主体、制度建设、能力提升等方面进行有效突破。就治理主体而言，基层党组织治理能力提升的瓶颈在于能否培养一批道德品质高、党建素质强、协调能力优的基层党组织负责人。当前，农村已经全面推进村党组织书记通过法定程序担任村民委员会主任的进程，总体实现“一肩挑”的态势。这种“一肩挑”的态势有利有弊，一方面能够有效消减“两委”的“摩擦”，便于集中快捷进行决策部署；另一方面可能出现小生态环境影响下的决策失误等问题。就制度建设而言，既要考虑制度完善的现实要求，也要考虑机制协同的有效构建。客观上讲，农村基层党组织制度建设完善是容易解决的问题，相对而言构建党建引领和协同联动的有效机制是农村基层党组织治理能力提升的关键所在。在农村基层治理主体多元的现状下，必须充分发挥农村基层党组织的核心引领和协同联动能力，积极接纳各种治理主体，汇聚各种社会力量，形成农村基层党组织党建引领社

会治理新格局，进而助力农村基层党组织组织力建设。二是满足多元诉求，积极构建“协商共治”的沟通机制。当前部分农村地区是我国巩固脱贫攻坚成果和实施乡村振兴战略的重点难点区域。面对当前农村发展的不平衡不充分问题，新时代农村基层党组织需要主动作为，积极营造更具竞争力的“软环境”，切实提升新时代农村的自我发展能力。为此，农村基层党组织一方面要充分发挥基层治理过程中的领导作用，切实把不同的利益主体团结在自己的周围，更要充分调动不同的利益主体进行民主平等的沟通协商。为了达成这种良好局面，农村基层党组织要系统构建动员群众和组织群众的民主参与机制和责任落实机制等，进而从机制设计上呈现出“一核多元、协商共治”的社会治理格局，着力加强新时代农村基层党组织组织力建设，有效促进农业现代化，促进新时代农村的全面振兴。三是加强领导协同，建立健全自治、法治、德治相结合的乡村“三治”治理体系。在乡村治理过程中，要处理好三者之间的关系，在具体实践过程中，坚持以自治为基础、以法治为根本、以德治为引领。关于“自治”，农村基层党组织要不断完善村民“自治”的有效实现形式。通过进一步健全农村基层民主制度，充分激发和提升农民的主人翁意识以及参与村庄公共事务的主动性和积极性，做好民主选举、民主决策、民主管理和民主监督，最终要实现村民自我管理、自我教育、自我服务的目标。关于“法治”，农村基层党组织要引导干部群众学法、守法、懂法、用法，依法行使民主权利，自觉履行自身义务，提升民众法治思维和法治意识，建设法治乡村。关于“德治”，这是加强乡村文化建设的一个系统工程。既要立足于农村自身的文化基础、文化传承以及乡规民俗，又要注重引导农民群体加强社会主义核心价值观建设，特别是崇尚“孝道”文化，选树“五好媳妇”“榜样父母”等其他乡村模范道德标兵等，提升民众的道德自觉。农村基层党组织在具体推进中要进行有效整合和有效嫁接，充分实现“三治”相辅相成、融合推进的发展之路。

参考文献

［1］习近平. 决胜全面建成小康社会 夺取新时代中国特色社会主义伟大胜利：在中国共产党第十九次全国代表大会上的报告［N］. 人民日报，2017-10-28（1）.

［2］习近平. 高举中国特色社会主义伟大旗帜 为全面建设社会主义现代化国家而团结奋斗：在中国共产党第二十次全国代表大会上的报告［N］. 人民日报，2022-10-26（1）.

［3］刘渊. 西部农村党组织组织力建设的内涵解析、现实反思与实践进路：基于三个行政村的调研［J］. 探索，2019（6）：120-128.

［4］黄海清. 基层党组织组织力初探［J］. 党建研究，2018（2）：36-38.

［5］李毅弘，杨雅涵. 新时代村级党组织组织力的生成：理论探析与现实关照［J］. 探索，2019（4）：127-135.

［6］李小新. 全面提升基层党组织组织力［N］. 光明日报，2017-11-27（2）.

［7］尤琳，魏日盛. 乡村振兴战略背景下提升村级党组织组织力研究［J］. 社会主义研究，2022（1）：122-129.

［8］简皎洁. 基层党组织组织力的历史逻辑、现实价值与提升路径［J］. 上海党史与党建，2018（9）：48-51.

［9］刘红凛. 党的组织力的内外向度与政治意蕴［J］. 当代世界与社会主义，2019（4）：162-169.

［10］高振岗. 新时代党的基层组织提升组织力的理论探源与实践路向［J］. 探索，2018（2）：101-106.

［11］李长学. 新时代农村基层党组织组织力现状与提升［J］. 理论导刊，2019（7）：23-28.

［12］王华. 从六个方面提升基层党组织组织力［J］. 中国党政干部论坛，2018（3）：79-81.

[13] 孙会岩. 人工智能时代基层党组织组织力创新研究 [J]. 探索, 2020 (2): 137-148.

[14] 郑琦, 陶周颖. 提升基层党组织组织力的内在逻辑及实践路径 [J]. 马克思主义研究, 2020 (1): 107-114.

[15] 项久雨, 张晓骏. 新时代基层党组织组织力提升与政治功能的实现 [J]. 学习与实践, 2021 (9): 5-12.

[16] 陈家刚. 党内法规视角下的基层党组织组织力建设 [J]. 江汉论坛, 2022 (1): 35-42.

[17] 王可园. 农村基层党组织组织力的困境及出路: 基于"结构—过程—文化"视角的分析 [J]. 江西师范大学学报 (哲学社会科学版), 2020 (1): 25-32.

[18] 郭华, 文学禹. 新时代党的群众组织力提升的现实困境与制度创新 [J]. 江西社会科学, 2018 (7): 219-227.

[19] 王久高. 党的基层组织的组织力及其实现 [J]. 湖湘论坛, 2021 (1): 17-24.

[20] 周德祥. 乡村"三治"建设中农村基层党组织组织力提升路径探析 [J]. 中州学刊, 2021 (8): 28-32.

[21] 赵洁, 陶忆连. 乡村振兴中提升农村基层党组织组织力研究 [J]. 北京航空航天大学学报 (社会科学版), 2021 (1): 16-21.

[22] 林星, 王宏波. 乡村振兴背景下农村基层党组织的组织力: 内涵、困境与出路 [J]. 科学社会主义, 2019 (5): 115-120.

[23] 肖长春, 郑传芳. 提升村级党组织组织力: 理论、现实与实现路径 [J]. 江西财经大学学报, 2019 (4): 101-106.

[24] 张书林. 新时代村级党组织组织力提升: 动因、要义与路向 [J]. 探索, 2022 (3): 108-119.

[25] 徐晨光, 王小萍. 调适与发展: 农村基层党组织组织力提升的政治逻辑 [J]. 湖湘论坛, 2021 (1): 25-35.

[26] 陈家刚. 基层党组织组织力建设: 实践价值与提升路径 [J]. 学海, 2021 (6): 24-31.

[27] 张克兵. 中国共产党农村基层组织组织力研究 [D]. 北京: 中共中央党校 (国家行政学院), 2019.

[28] 罗森布鲁姆, 克拉夫丘克. 公共行政学: 管理、政治和法律的途径: 第五版 [M]. 张成福, 等译. 北京: 中国人民大学出版社, 2002.

[29] 王长江. 政党政治原理 [M]. 北京：中共中央党校出版社，2009.

[30] 习近平. 在全国组织工作会议上的讲话 [M]. 北京：人民出版社，2018.

[31] 习近平. 习近平谈治国理政：第三卷 [M]. 北京：外文出版社，2020.

[32] 孟鑫. 马克思主义利益观在新时代的指导意义 [J]. 人民论坛，2018 (9)：99-101.

[33] 习近平. 习近平谈治国理政：第二卷 [M]. 北京：外文出版社，2017.

[34] 王向阳. 当前留守型农村基层党建的困境与出路：基于湖北 F 村基层党建实践的考察 [J]. 社会主义研究，2018 (6)：109-115.

[35] 李忠杰. 党章内外的故事 [M]. 北京：中共党史出版社，2017.

[36] 王韶兴. 政党政治论 [M]. 山东：山东人民出版社，2011.

[37] 中共中央文献研究室. 十八大以来重要文献选编：上 [M]. 北京：中央文献出版社，2014.

[38] 列宁. 列宁全集：第十四卷 [M]. 北京：人民出版社，2017.

[39] 中共中央文献研究室，中央档案馆. 建党以来重要文献选编(1921—1949)：第一册 [M]. 北京：中央文献出版社，2011.

[40] 毛泽东. 毛泽东选集：第二卷 [M]. 北京：人民出版社，1991.

[41] 毛泽东. 毛泽东选集：第一卷 [M]. 北京：人民出版社，1991.

[42] 马克思，恩格斯. 马克思恩格斯选集：第一卷 [M]. 北京：人民出版社，2012.

[43] 马克思，恩格斯. 马克思恩格斯选集：第三卷 [M]. 北京：人民出版社，2012.

[44] 列宁. 列宁全集：第八卷 [M]. 北京：人民出版社，2017.

[45] 列宁. 列宁全集：第三十九卷 [M]. 北京：人民出版社，2017.

[46] 列宁. 列宁全集：第三十七卷 [M]. 北京：人民出版社，2017.

[47] 中央档案馆. 中共中央文件选集：第五册 [M]. 北京：中共中央党校出版社，1990.

[48] 中央档案馆，中共中央文献研究室. 中共中央文件选集（1949 年 10 月—1966 年 5 月)：第 24 册 [M]. 北京：人民出版社，2013.

[49] 邓小平. 邓小平文选：第一卷 [M]. 北京：人民出版社，1994.

[50] 全国农村工作会议纪要 [N]. 人民日报，1982-04-06 (1).

[51] 邓小平. 邓小平文选：第二卷 [M]. 北京：人民出版社，1994.

[52] 邓小平. 邓小平文选：第三卷 [M]. 北京：人民出版社，1993.

[53] 江泽民. 江泽民文选：第三卷 [M]. 北京：人民出版社，2006.

[54] 中共中央文献研究室. 十三大以来党的重要文献选编：下 [M]. 北京：人民出版社，1993.

[55] 江泽民. 江泽民文选：第一卷 [M]. 北京：人民出版社，2006.

[56] 江泽民. 江泽民文选：第二卷 [M]. 北京：人民出版社，2006.

[57] 中共中央文献研究室. 十七大以来重要文献选编：中 [M]. 北京：中央文献出版社，2011.

[58] 胡锦涛. 胡锦涛文选：第一卷 [M]. 北京：人民出版社，2016.

[59] 习近平. 决胜全面建成小康社会 夺取新时代中国特色社会主义伟大胜利：在中国共产党第十九次全国代表大会上的报告 [M]. 北京：人民出版社，2017.

[60] 康晨. 改革开放以来农村基层党组织建设：以西部地区为例 [M]. 北京：社会科学文献出版社，2015.

[61] 王秋准，秦德占. 组织力提升视角下国外政党的基层组织建设 [J]. 新视野，2018 (6)：25-30.

[62] 中共中央文献研究室，中央档案馆. 建党以来重要文献选编(1921—1949)：第三册 [M]. 北京：中央文献出版社，2011.

[63] 中共中央文献研究室，中央档案馆. 建党以来重要文献选编(1921—1949)：第四册 [M]. 北京：中央文献出版社，2011.

[64] 卢先福，龚永爱. 农村基层党建历程 [M]. 长沙：湖南师范大学出版社，2011.

[65] 中共中央文献研究室，中央档案馆. 建党以来重要文献选编(1921—1949)：第十五册 [M]. 北京：中央文献出版社，2011.

[66] 本书编写组. 光岳春秋 [M]. 济南：山东人民出版社，2014.

[67] 陈云. 陈云文选：第一卷 [M]. 北京：人民出版社，1995.

[68] 中共山东省委党史研究室. 中共山东编年史：第六卷 [M]. 济南：山东人民出版社，2015.

[69] 中共中央文献研究室. 建国以来重要文献选编：第一册 [M]. 北京：中央文献出版社，2011.

[70] 漯河市史志档案办公室. 中国共产党漯河历史纪事（1919—2000）[M]. 北京：中共党史出版社，2001.

[71] 中共淮安市委党史工作办公室. 中共淮安地方史：第二卷（1949—1978）[M]. 北京：中共党史出版社，2011.

[72] 中共恩施自治州委州人民政府史志办公室. 中国共产党湖北省恩施历史：第二卷（1949—1978）[M]. 北京：中共党史出版社，2019.

[73] 中共中央文献研究室. 建国以来重要文献选编：第十册 [M]. 北京：中央文献出版社，2011.

[74] 中共中央文献研究室. 建国以来重要文献选编：第二十册 [M]. 北京：中央文献出版社，2011.

[75] 胡绳. 中国共产党七十年（1921—1991）[M]. 上海：上海人民出版社，1991.

[76] 中共榆林市委党史研究室. 中国共产党榆林历史：第二卷（1949—1978）[M]. 西安：陕西人民出版社，2019.

[77] 中共中央组织部组织局. 加强农村党的基层组织建设 [M]. 上海：上海人民出版社，1986.

[78] 中共山东省委党史研究室. 中共山东编年史：第十三卷 [M]. 济南：山东人民出版社，2015.

[79] 昭通地区农村基层组织建设领导组办公室. 昭通地区农村基层组织建设资料选编（1995—1997）[Z]. 昭通：昭通地区农村基层组织建设领导组办公室，1998.

[80] 中共中央文献研究室. 十四大以来重要文献选编：中 [M]. 北京：人民出版社，1997.

[81] 中国共产党第十六次全国代表大会文件汇编 [M]. 北京：人民出版社，2002.

[82] 中共中央组织部组织局. 党的基层组织工作常用文件选编 [M]. 北京：党建读物出版社，2007.

[83] 中共河北省委党史研究室. 河北农村改革发展史 [M]. 石家庄：河北人民出版社，2018.

[84] 中共甘肃省委创先争优活动领导小组. 创先争优好制度 [M]. 兰州：甘肃人民出版社，2012.

[85] 中国共产党第十八次全国代表大会文件汇编 [M]. 北京：人民出版社，2012.

[86] 顾春. 杭州党组织服务到“末梢”（深度关注）[N]. 人民日报，2013-01-22（18）.

[87] 探索建立农村服务型党组织（干部说干事）[N]. 人民日报，2012-12-03（7）.

[88] 孟海鹰. 内外合力锻造村支书“铁军”[N]. 人民日报，2013-10-21（17）.

[89] 任江华. 培筑服务群众的“高速通道”[N]. 人民日报，2014-04-29（18）.

[90] 江琳. 破解“两难”：倒逼出来的创新 [N]. 人民日报，2013-09-24（18）.

[91] 中国共产党第十九次全国代表大会文件汇编 [M]. 北京：人民出版社，2017.

[92] 履行好管党治党、强基固本的政治责任 [N]. 人民日报，2021-05-10（1）.

[93] 新疆7.6万余名“访惠聚”驻村工作队员和群众同吃同住，辞旧迎新 [N]. 人民日报，2018-02-22（11）.

[94] 颜世东. 推动基层党组织全面进步全面过硬 [N]. 人民日报，2022-03-25（24）.

[95] 云南抓基层打基础，边疆基层党组织建设气象新[EB/OL].(2017-11-28)[2022-06-14].https://baijiahao.baidu.com/s? id=1585271861792780964&wfr=spider&for=pc.

[96] 推动农村基层党建全面进步整体提升为农村改革发展稳定提供坚强组织保证：党的十八大以来农村基层党建工作综述 [N]. 人民日报，2021-06-08（1）.

[97] 赵淑清. 再造乡村文化 助力乡村振兴 [J]. 人民论坛，2018（5）：138-139.

[98] 蔡斯敏. 文化引领乡村振兴 [N]. 山西日报，2019-12-23（10）.

[99] 中国共产党农村基层组织工作条例 [N]. 光明日报，2019-01-11（2）.

[100] 曾士花. 中国共产党村级党组织领导力建设研究 [D]. 北京：中共中央党校（国家行政学院），2020.

[101] 乔金亮. 打造一支高素质农民队伍 [J]. 经济日报，2020-06-12（3）.

[102] 谌玉洁. 嵌入性视角下农村基层党组织提升治理能力的困境及应对策略〔J〕. 中共福建省委党校学报，2019（4）：74-80.

［103］中共中央宣传部，国家发展和改革委员会. 习近平经济思想学习纲要［M］. 北京：人民出版社，2022.

［104］王虎学，张梦圆. 全面从严治党是新时代党治国理政的一个鲜明特征［J］. 先锋，2020（5）：14-16.

［105］习近平. 论坚持党对一切工作的领导［M］. 北京：中央文献出版社，2019.

［106］习近平. 论坚持全面深化改革［M］. 北京：中央文献出版社，2018.

［107］中央党校党建部. 基层党建工作手册［M］. 北京：人民出版社，2019.

［108］习近平. 习近平谈治国理政：第一卷［M］. 北京：外文出版社，2018.

［109］中共中央党史和文献研究院. 习近平关于"三农"工作论述摘编［M］. 北京：中央文献出版社，2019.

［110］中共中央文献研究室. 习近平关于全面从严治党论述摘编［M］. 北京：中央文献出版社，2021.

［111］中共中央文献研究室. 习近平关于社会主义政治建设论述摘编［M］. 北京：中央文献出版社，2017.

［112］李毅弘，孙磊. 习近平关于基层党组织建设的重要论述探析［J］. 思想理论教育导刊，2020（9）：33-37.

［113］郑琦，陶周颖. 学习习近平关于基层党组织建设的重要论述［J］. 党的文献，2019（4）：16-23.

［114］习近平. 在湖北考察时的讲话［N］. 人民日报，2018-04-29（1）.

［115］中国共产党第十九届中央委员会第四次全体会议文件汇编［M］. 北京：人民出版社，2019.

［116］丁俊萍. 党的制度建设和党的建设制度改革之关联［J］. 探索，2015（1）：65-71.

［117］邱浩航. 深化党的建设制度改革与国家治理现代化［J］. 特区实践与理论，2015（1）：5-8.

［118］仲祖文. 以推进村务监督为重点加快完善乡村治理机制［N］. 人民日报，2015-06-22（2）.

［119］习近平. 习近平谈治国理政：第四卷［M］. 北京：外文出版社，2022.

[120] 中共中央组织部. 中国共产党党内统计公报[EB/OL].(2021-06-30)[2022-07-31]. https://www.12371.cn/2021/06/30/ARTI1625021390886720.shtml.

[121] 中国共产党第十七届中央委员会第四次全体会议文件汇编 [M]. 北京：人民出版社，2009.

[122] 李大钊. 李大钊选集 [M]. 北京：人民出版社，1959.

[123] 中共中央党史研究室. 回顾辉煌历程 喜迎党的十八大：党的历次全国代表大会知识读本 [M]. 北京：学习出版社，2012.

[124] 列宁. 列宁全集：第四十卷 [M]. 北京：人民出版社，2017.

[125] 刘红凛. 政治建设、组织力与党的建设质量：新时代党的建设三大新概念新要求 [J]. 思想理论教育，2018 (7)：74-79.

[126] 李俊斌，卜桃桃. 新时代农村基层党组织政治建设的三重向度 [J]. 重庆社会科学，2021 (5)：17-30.

[127] 熊兴勤，张松浩. 以服务增强基层党组织的思想引领力 [J]. 思想政治工作研究，2018 (1)：53-54.

[128] 刘渊. 马克思主义中国化70年发展的实践和逻辑 [J]. 四川大学学报（哲学社会科学版），2019 (4)：14-20.

[129] 习近平. 习近平谈治国理政 [M]. 北京：外文出版社，2014.

[130] 刘红凛. 新时代党的建设理论和实践创新研究 [M]. 北京：人民出版社，2019.

[131] 刘少奇. 刘少奇选集：上卷 [M]. 北京：人民出版社，1981.

[132] 刘光明. 中国共产党为什么能深入推进自我革命 [N]. 光明日报，2019-05-20 (6).

[133] 中共中央文献研究室. 毛泽东文集：第二卷 [M]. 北京：人民出版社，1993.

[134] 魏宁. 延安时期干部教育的经验和启示 [N]. 光明日报，2013-10-06 (6).

[135] 张士海. 强大的社会动员力汇聚磅礴力量 [J]. 人民论坛，2021 (9)：25-30.

[136] 马克思，恩格斯. 马克思恩格斯全集：第一卷 [M]. 北京：人民出版社，1995.

[137] 列宁. 列宁全集：第四十一卷 [M]. 北京：人民出版社，2017.

[138] 刘金菊，李永强. 马克思主义社会动员力理论研究：以抗战时期中

共为中心［J］. 社会科学家，2020（3）：32-35.

［139］霍军亮. 农村基层党组织引领乡村振兴的理论与实践［M］. 武汉：武汉大学出版社，2021.

［140］郁建兴. “三治”结合提升基层治理水平［J］. 人民日报，2019-11-21（9）.

［141］列宁. 列宁全集：第三十四卷［M］. 北京：人民出版社，2017.

［142］毛泽东. 毛泽东文集：第三卷［M］. 北京：人民出版社，1996.

［143］陈名杰. 中国特色社会主义文化守正创新之道［J］. 光明日报，2019-04-12（6）.

［144］霍军亮，吴春梅. 乡村振兴战略背景下农村基层党组织建设的困境与出路［J］. 华中农业大学学报（社会科学版），2018（3）：1-8.

［145］梁建华. 中国共产党凝聚力的内涵分析［J］. 学术探索，2013（1）：49-53.

［146］杨刚. 乡村振兴背景下农村文化产品供给的不均衡：基于可行能力的考察［J］. 贵州社会科学，2021（10）：160-168.

［147］张波. 我国公共文化服务的政治意蕴及其供给逻辑［J］. 理论探讨，2015（2）：150-153.

［148］李斌雄. 中国共产党自身建设百年基本经验研究［J］. 马克思主义研究，2021（1）：102-114.

［149］于涛. 组织工作道与行［M］. 北京：东方出版社，2022.

［150］任丽娟. 牵住责任制这个“牛鼻子”［EB/OL］.（2020-08-21）［2022-09-11］. https://dangjian. people. com. cn/n1/2020/0821/c117092-31832149. html.

［151］列宁. 列宁全集：第二十九卷［M］. 北京：人民出版社，2017.

［152］张璁. 把握信息革命历史机遇［N］. 人民日报，2020-12-07（5）.

［153］王福宏. 探索建立服务群众的新机制［J］. 党建，2014（5）：36.

［154］毛泽东. 毛泽东选集：第四卷［M］. 北京：人民出版社，1991.

［155］陶焘. 充分发挥党建对基层社会治理的引领功能［N］. 光明日报，2018-07-13（6）.

［156］郭蕊，麻宝斌. 全球化时代地方政府治理能力分析［J］. 长白学刊，2009（4）：67-70.

［157］周浩集. 基层服务型党组织建设：动因、架构及其路向［J］. 探索，2015（4）：42-46.

［158］单志广. 数字化催生市域社会治理模式变革［N］. 法治日报，2021-03-17（5）.

［159］宗成峰，李明. 党建引领新型农村集体经济发展：基本逻辑、现实困境与实践进路［J］. 理论视野，2020（9）：81-85.

［160］中共中央 国务院印发《乡村振兴战略规划（2018—2022年）》［N］. 人民日报，2018-09-27（12）.

［161］李汉卿. 党建引领集体经济发展与乡村振兴：塘约经验［J］. 毛泽东邓小平理论研究，2020（7）：31-38.

［162］陈义媛. 农村集体经济发展与村社再组织化：以烟台市“党支部领办合作社”为例［J］. 求实，2020（6）：68-81.

［163］霍军亮，吴春梅. 乡村振兴战略下农村基层党组织建设的理与路［J］. 西北农林科技大学学报（社会科学版），2019（1）：69-77.

［164］岳俊辉，牛余庆. 科学认识论与党员干部信仰培育［J］. 理论探索，2021（3）：49-54.

［165］刘少奇. 刘少奇论党的建设［M］. 北京：中央文献出版社，1991.

［166］江泽民. 论党的建设［M］. 北京：中央文献出版社，2001.

［167］胡锦涛. 胡锦涛文选：第二卷［M］. 北京：人民出版社，2016.

［168］中共中央文献研究室. 十五大以来重要文献选编：上［M］. 北京：人民出版社，2000.

［169］中共中央关于加强和改进新形势下党的建设若干问题的决定［M］. 北京：人民出版社，2009.

［170］卢先福，赵云献. 马克思主义党的学说史纲［M］. 北京：中共中央党校出版社，1999.

［171］卢先福. 执政能力建设论［M］. 杭州：浙江人民出版社，2005.

［172］庄福龄. 简明马克思主义史［M］. 北京：人民出版社，2004.

［173］周鹤龄. 党的建设与党建理论［M］. 上海：上海人民出版社，2009.

［174］李君如. 中国共产党执政规律新认识［M］. 杭州：浙江人民出版社，2003.

［175］周淑真. 政党政治学［M］. 北京：人民出版社，2011.

［176］倪健民. 组织力［M］. 北京：人民出版社，2009.

［177］卞爱美. 新时代基层党组织组织力提升［M］. 北京：中共党史出版社，2019.

［178］侯惠勤，姜迎春，黄明理．冲突与整合：如何认识我国社会主义改革开放实践过程对人们思想的影响［M］．北京：中国人民大学出版社，2004．

［179］王长江．政党政治原理［M］．北京：中共中央党校出版社，2009．

［180］李慎明．居安思危：苏共亡党二十年的思考［M］．北京：社会科学文献出版社，2011．

［181］黄苇町．苏共亡党十年祭［M］．南昌：江西高校出版社，2002．

［182］王长江．苏共：一个大党衰落的启示［M］．郑州：河南人民出版社，2002．

［183］王浦劬．政治学基础［M］．北京：北京大学出版社，2018．

［184］俞可平．论国家治理现代化［M］．北京：社会科学文献出版社，2014．

［185］闫健．中国共产党转型与中国的变迁：海外学者视角评析［M］．北京：中央编译出版社，2013．

［186］谢春涛．中国共产党如何应对挑战［M］．北京：新世界出版社，2014．

［187］张士海．中国共产党文化领导权建设研究［M］．北京：中国社会科学出版社，2014．

［188］王文学．领导力新论［M］．兰州：甘肃人民出版社，2012．

［189］吴海江．以人民为中心的发展思想研究［M］．北京：人民出版社，2019．

［190］林尚立．中国共产党与国家建设［M］．天津：天津人民出版社，2017．

［191］习近平．贯彻落实新时代党的组织路线不断把党建设得更加坚强有力［J］．共产党员，2020（17）：4-6．

［192］习近平．在哲学社会科学工作座谈会上的讲话[EB/OL].(2016-05-18)[2022-10-23]. http://www.xinhuanet.com/politics/2016-05/18/c_1118891128.htm.

附　录

附录 A　农村基层党组织组织力建设研究调查问卷(党员)

农村基层党组织组织力建设研究调查问卷（党员）

您好!

非常感谢您抽出宝贵的时间填写此问卷。这是一份研究新时代农村基层党组织组织力建设的问卷。你填写的问卷对我们的研究非常重要，请您认真阅读所有选项，并按照真实情况进行填写。本调查采取匿名形式，调查情况只用于学术研究。非常感谢您的帮助和支持!

课题组

一、基本情况

1. 您的性别是（　　）

A. 男　　B. 女

2. 您是不是中国共产党党员?（　　）

A. 是　　B. 不是

3. 您的年龄是（　　）

A. 小于等于 35 岁　　B. 36~59 岁

C. 大于等于 60 岁

4. 您的身份是（　　）

A. 村级党组织书记　　B. 其他村干部

C. 一般党员

5. 您的就业类型是（　　）

A. 农业生产　　B. 外出务工

C. 个体工商户或自由职业者　　D. 其他

二、建设现状

1. 您所在的村党组织是否健全？（　　）

A. 是　　B. 否

C. 不清楚

2. 您所在的村党组织是否经常组织开展活动？（　　）

A. 经常开展　　B. 偶尔开展

C. 基本不开展

3. 您所在的村党组织开展活动的形式是否多样？（　　）

A. 多样　　B. 比较多样

C. 单一　　D. 不清楚

4. 您认为村党组织开展的活动存在哪些问题？（　　）

A. 组织生活形式化　　B. 空洞，没有结合本村状况

C. 召开次数少、间隔周期长　　D. 其他

5. 近期您参与过的教育培训内容主要有哪些？（可多选）（　　）

A. 法律法规知识　　B. 经营管理知识

C. 农业生产技术知识　　D. 传统文化技术等

E. 医疗卫生、保健知识　　F. 其他

G. 没有参加过培训和学习

6. 你们村党组织宣传党和国家的方针政策主要通过什么方式？（　　）

A. 组织村民集中宣讲　　B. 村党组织干部入户宣讲

C. 张贴通知、悬挂条幅　　D. 基本不宣讲

7. 您所在的村党组织宣传党和国家的方针政策是否得到有效反馈？（　　）

A. 有，效果显著　　B. 有一定效果

C. 没有效果　　D. 没注意

8. 您身边的党员有没有信仰宗教或从事封建迷信活动的？（　　）

A. 有，相当普遍　　B. 有，个别现象

C. 还没有发现　　D. 根本不存在

9. 您认为当前个别党员理想信念不够坚定的主要原因是（　　）

A. 思想政治教育不够　　　　　B. 多元社会思潮影响

C. 基层一些腐败现象影响　　　D. 市场经济的影响

10. 加入中国共产党对您的思想行动产生了哪些积极影响？（可多选）（　　）

A. 更注重自我提升　　　　　　B. 更注重深入群众

C. 更具备担当意识　　　　　　D. 理想信念更加坚定

E. 其他__________

11. 您是否经常参加村党组织举办的会议与活动？（　　）

A. 经常参加　　　　　　　　　B. 偶尔参加

C. 很少或几乎不参加

12. 您认为所在村党组织是否能准确理解并贯彻落实党和国家的方针政策？

A. 能准确理解并落实

B. 大部分能准确理解并落实

C. 能准确理解，但不能完全落实

D. 基本不能准确理解和落实

13. 您认为村党组织的干部在执行政策中，哪些能力需要提高？（可多选）（　　）

A. 群众服务能力　　　　　　　B. 宣传动员能力

C. 因地制宜开展工作的能力　　D. 调查研究能力

14. 您对你们村党组织干部的工作业绩评价是（　　）

A. 满意　　　　　　　　　　　B. 表现一般

C. 不合格

15. 您每年都会参加乡镇党委或县级党委对您的培训吗？（村党组织书记填）（　　）

A. 都未参加过

B. 经常参加乡镇党委的培训，未参加过县级党委的培训

B. 经常参加乡镇党委的培训，偶尔参加县级党委的培训

D. 都经常参加

16. 您所在村党组织开展“三会一课”的基本情况是（　　）

A. 按要求定期开展　　　　　　B. 不定期，但经常开展

C. 偶尔开展　　　　　　　　　D. 不开展

17. 你们村里重大事项有没有坚持按照“四议两公开”的程序决策实施？

（　　）

A. 有，严格按照程序实施　　　B. 有，但基本流于形式

C. 没有，不按照程序实施　　　D. 不清楚“四议两公开”

18. 您了解以下哪些党内集中教育的主要内容？（　　）

A. 党的群众路线教育实践活动　B.“三严三实”专题教育

C.“两学一做”学习教育　　　D.“不忘初心、牢记使命”主题教育

E. 党史学习教育

19. 你们村有集体经济吗？（　　）

A. 有　　　B. 没有

C. 不清楚

20. 你们村集体经济发展状况如何？（　　）

A. 发展很好　　　B. 集体经济薄弱，作用不大

C. 不清楚

21. 您所在党组织有领导集体经济的能力吗？（　　）

A. 有　　　B. 没有

C. 不清楚

22. 您对所在村党组织的党员干部队伍发挥作用的评价是（　　）

A. 很好地发挥了战斗堡垒作用，群众很信任

B. 较好地发挥了作用，能维护群众利益

C. 发挥作用一般，跟群众联系较少

D. 几乎瘫痪，已不能发挥作用

E. 不了解

23. 您会在工作或空余时间主动与村民沟通了解农村情况吗？（　　）

A. 经常主动沟通

B. 不主动沟通

C. 工作需要会沟通，闲暇基本不沟通

24. 根据您的观察，农民在生产或生活遇到困难后，会第一时间求助于谁？（　　）

A. 亲戚朋友　　　B. 乡镇党组织

C. 村党组织　　　D. 其他

25. 您所在的村党组织在农民遇到生产或生活的困难后是否会给予其帮助？（　　）

A. 是，会持续关注和支持　　　B. 是，会提供暂时性的帮助

C. 否，没有提供帮助　　D. 不知道

26. 您所在的村党组织是否成为农村各项事业发展的领导核心？（　　）

A. 是　　B. 不是

C. 说不清　　D. 在群众中缺乏威信

27. 你们村党组织对党员的教育管理要求如何？（　　）

A. 非常严格　　B. 较为严格

C. 比较松散　　D. 非常松散

E. 不清楚

28. 您所在的村党组织或党员干部是否存在以权谋私现象？（　　）

A. 存在　　B. 不存在

C. 不清楚

29. 你们村党组织以及村干部与村民的沟通方式主要有哪些？（可多选）（　　）

A. 村民大会　　B. 村小组会议

C. 上门商讨　　D. 其他方式

E. 从不征求意见

30. 你们村党组织平时开展什么文化娱乐活动没有？　（　　）

A. 偶尔　　B. 几乎没有

C. 从来没有

31. 您所在的村党组织平时举办的活动，村民是否积极参与？（　　）

A. 大多数村民都积极参与　　B. 部分村民积极参与

C. 活动较少人参与

32. 您认为您所在的村最有号召力和影响力的是（　　）

A. 村党组织　　B. 驻村干部

C. 家族或宗族族长　　D. 合作社负责人

E. 公正热心的人　　F. 其他

33. 你们村的村民平时农闲主要干什么？（　　）

A. 参加村委组织的学习培训　　B. 个人看书或看电视

C. 打麻将或扑克　　D. 看手机视频

E. 不了解

34. 你们希望村党组织能给农民举办一些娱乐活动或学习培训吗？（　　）

A. 非常希望　　B. 希望

C. 不希望　　D. 无所谓

35. 你们村老人去世后村民在葬礼上有没有搞一些纪念活动或其他仪式？（　　）

A. 丧事从简，庄重肃穆

B. 必须重视操办，偶尔搞一些娱乐活动

C. 大肆操办，邀请一些表演队表演节目

D. 大肆操办，葬礼上的节目影响不好

36. 你们村党组织目前正在抓的重点工作主要有哪些？（可多选）（　　）

A. 村党组织自身建设

B. 巩固拓展脱贫攻坚成果，确保不返贫

C. 加强乡村精神文明建设

D. 筑牢中华民族共同体意识

E. 推进乡村产业发展

F. 防疫、防火、防汛等

37. 您所在的村党组织干部通过哪些方式征求党员与群众的意见和建议？（　　）

A. 走访调研　　B. 召开会议

C. 开展问卷调查　　D. 设置意见箱

E. 从不征求意见

38. 你们乡镇或村的党员干部是否能及时解决群众的困难？（　　）

A. 及时解决　　B. 反映后能够解决

C. 几乎没有解决　　D. 从没有解决

39. 您对你们乡镇和村党员干部平时联系群众、服务群众和解决群众反映的热点、难点问题的总体评价是（　　）

A. 效果理想　　B. 效果一般

C. 没有效果　　D. 说不清楚

三、其他建议

1. 您认为当前农村基层党组织的自身建设（主要是乡镇党委、村党组织）最需要解决的问题是什么？

2. 您认为在乡村振兴大背景下农村基层党组织（主要是乡镇党委、村党组织）最需要快速增强的是哪些方面的能力？

附录B　农村基层党组织组织力建设研究调查问卷(村民)

农村基层党组织组织力建设研究调查问卷（村民）

您好!

非常感谢您抽出宝贵的时间填写此问卷。这是一份研究新时代农村基层党组织组织力建设的问卷。你填写的问卷对我们的研究非常重要，请您认真阅读所有选项，并按照真实情况进行填写。本调查采取匿名形式，调查情况只用于学术研究。非常感谢您的帮助和支持!

课题组

一、基本情况

1. 您的性别是（　　）

A. 男　　B. 女

2. 您的年龄是（　　）

A. 小于等于35岁　　B. 36~59岁

C. 大于等于60岁

3. 您是不是党员?（　　）

A. 是　　B. 不是

4. 您的最高学历是（　　）

A. 小学及以下　　B. 初中

C. 高中/中专/技校　　D. 大专及以上

5. 您的就业类型是（　　）

A. 农业生产　　B. 外出务工

C. 个体工商户或自由职业者　　D. 其他

6. 过去一年，您的家庭年收入大概是__________元。

7. 您的家庭收入主要来源是（　　）

A. 外出务工　　B. 个体经营

C. 务农　　D. 其他

二、建设现状

1. 您是否了解你们村党组织的基本情况?（　　）

A. 是　　B. 否

C. 不清楚

2. 你们村党组织宣传党和国家的方针政策主要通过什么途径？（　　）

A. 组织村民集中宣讲　　B. 村党组织干部入户宣讲

C. 张贴通知、悬挂条幅　　D. 基本不宣讲

3. 您是通过哪些途径了解党和国家的方针政策的？（　　）

A. 报纸、杂志　　B. 电视、广播

C. 网络　　D. 村党组织宣传

E. 其他途径　　F. 没有了解

4. 近期您参与过的教育培训内容主要有哪些？（可多选）（　　）

A. 法律法规知识　　B. 经营管理知识

C. 农业生产技术知识　　D. 医疗卫生、保健知识

E. 传统文化等　　F. 没有参加过培训和学习

5. 您认为身边的党员与普通群众的区别有哪些？（可多选）（　　）

A. 党员的榜样作用突出

B. 党员在关键时刻能发挥作用

C. 个别党员与普通群众没有差别

D. 个别党员的表现不如普通群众

6. 您身边的党员有没有信仰宗教或从事封建迷信活动的？（　　）

A. 有，相当普遍　　B. 有，个别现象

C. 还没有发现　　D. 根本不存在

7. 您所在的村是否有宗教非法传播现象？

A. 是　　B. 否

8. 您是否信教？（　　）

A. 是　　B. 否

9. （第 8 题选择“是”的填）您信仰的是何种宗教？（　　）

A. 佛教　　B. 道教

C. 基督教　　D. 伊斯兰教

E. 天主教　　F. 其他

10. 您是否愿意加入中国共产党？（　　）

A. 愿意　　B. 不想加入

C. 无所谓

11. 您认为村党组织的干部哪种能力最需要提高？（　　）

A. 政治能力　　B. 发展经济能力

C. 调查研究能力　　D. 群众服务能力

12. 您对你们村干部的工作业绩评价是（　　）

A. 满意　　B. 表现一般

C. 不合格

13. 您认为影响你们村党组织作用发挥的主要因素有哪些？（可多选）（　　）

A. 上级党组织指导不足

B. 村党组织成员整体素质偏低

C. 党员队伍结构不合理

D. 村党组织应付检查和考核工作较多

E. 留守人员多为老人和孩子，人力资源不足

14. 你们村党组织内的党员干部能否相互有效配合开展工作？（　　）

A. 能，高效配合

B. 各自开展工作，效果较好

C. 相互不怎么合作、各自为政

15. 您每年是否有机会参加乡镇党委或村级党组织的对一般村民的培训？

A. 经常参加村党组织的培训

B. 偶尔参加过乡镇党委的培训

C. 经常参加乡镇党委和村党组织举办的培训

D. 都没有参加过

16. 村里重大事项有没有坚持按照“四议两公开”的程序决策实施？（　　）

A. 有，严格按照程序实施　　B. 有，但基本流于形式

C. 没有，不按照程序实施　　D. 不清楚“四议两公开”

17. 你们村有集体经济吗？（　　）

A. 有　　B. 没有

C. 不清楚

18. 你们村集体经济发展如何？（　　）

A. 发展得很好　　B. 集体经济薄弱，作用不大

C. 不清楚

19. 你们村党组织的党员队伍发挥作用如何？（　　）

A. 发挥了标杆示范作用，群众很信任

B. 较好地发挥了作用，人民群众较为拥护

C. 发挥作用一般，跟群众联系较少

D. 几乎瘫痪，未发挥作用

E. 不了解

20. 你们村的村民在遇到生产或生活的困难后，会第一时间求助于谁？（　　）

A. 亲戚朋友　　B. 乡镇党组织

C. 村党组织　　D. 其他

21. 你们村党组织是否成为农村各项事业发展的领导核心？（　　）

A. 是　　B. 不是

C. 说不清　　D. 在群众中缺乏威信

22. 您认为您所在村最有号召力和影响力的是（　　）

A. 村党组织　　B. 驻村干部

C. 家族或宗族族长　　D. 合作社负责人

E. 公正热心的人　　F. 其他

23. 您认为你们村党组织对普通党员的管理如何？（　　）

A. 非常严格　　B. 较为严格

C. 比较松散　　D. 非常松散

E. 不清楚

24. 你所在村的党员干部是否存在以权谋私现象？（　　）

A. 存在　　B. 不存在

C. 不清楚

25. 如果您发现了村党组织的干部有违法违纪行为，您选择的反映方式有（　　）

A. 纪委举报网站

B. 在村委会上提出

C. 拨打举报电话

D. 向媒体反映

E. 联合村民写举报信给有关部门

F. 不反映

G. 其他

26. 你们村党组织以及村干部与村民的沟通方式主要有哪些？（可多选）（　　）

A. 村民大会　　B. 村小组会议

C. 上门商讨　　D. 其他方式

E. 从不征求意见

27. 您对你们乡镇和村党员干部平时联系群众、服务群众和解决群众反映的热点、难点问题的总体评价是（　　）

A. 效果理想　　B. 效果一般

C. 没有效果　　D. 说不清楚

28. 你们村组织平时开展什么文化娱乐活动没有？　（　　）

A. 偶尔　　B. 几乎没有

C. 从来没有

29. 你们村的村民平时农闲主要干什么？（　　）

A. 参加村委组织的学习培训　　B. 个人看书或看电视

C. 打麻将或扑克　　D. 看手机视频

E. 不了解

30. 你们希望村党组织能给农民举办一些娱乐活动或学习培训吗？（　　）

A. 非常希望　　B. 希望

C. 不希望　　D. 无所谓

31. 您会积极参与村党组织平时举办的活动吗？（　　）

A. 经常会参与　　B. 偶尔参与

C. 基本不参与　　D. 不清楚

32. 你们村老人去世后村民在葬礼上有没有搞一些纪念活动或其他仪式？（　　）

A. 丧事从简，庄重肃穆

B. 必须重视操办，偶尔搞一些娱乐活动

C. 大肆操办，邀请一些表演队表演节目

D. 大肆操办，葬礼上的节目影响不好

33. 您所在的村党组织会通过哪些方式征求党员与群众的意见和建议？（　　）

A. 走访调研　　B. 召开会议

C. 开展问卷调查　　D. 设置意见箱

E. 从不征求意见

34. 你们乡镇或村党组织的干部是否会及时解决群众的困难？（　　）

A. 及时解决　　B. 反映后能够解决

C. 几乎没有解决　　　　　　　　D. 从没有解决

35. 您认为以下哪些组织在乡村振兴中发挥的作用重要？（可多选）（　　）

A. 乡镇党组织

B. 村党组织

C. 村集体企业/私人企业

D. 村公益性、互助性组织

E. 其他

36. 您所在村近年来的变化主要有哪些？（可多选）（　　）

A. 农村的基础教育变好了

B. 村民的家庭收入提高了

C. 乡村看病就医更方便了

D. 乡村道路变好了

E. 乡村的文化生活更加丰富

F. 乡村治安变好了

G. 乡村环境更整洁

H. 没什么变化

三、其他建议

1. 根据您的观察，您认为你们村目前最需要解决的具体问题有哪些？为什么？

2. 您认为在当前推进乡村振兴的大背景下，乡镇党委和村党组织在各项工作推进中分别存在哪些方面的问题，特别需要注意哪些问题？

附录 C 《中国共产党农村基层组织工作条例》

中国共产党农村基层组织工作条例

第一章 总则

第一条 农村工作在党和国家事业全局中具有重要战略地位，是全党工作的重中之重。为了认真贯彻落实新时代党的建设总要求和新时代党的组织路线，坚持和加强党对农村工作的全面领导，深入实施乡村振兴战略，推动全面从严治党向基层延伸，提高党的农村基层组织建设质量，为新时代乡村全面振兴提供坚强政治和组织保证，根据《中国共产党章程》，制定本条例。

第二条 乡镇党的委员会（以下简称乡镇党委）和村党组织（村指行政村）是党在农村的基层组织，是党在农村全部工作和战斗力的基础，全面领导乡镇、村的各类组织和各项工作。必须坚持党的农村基层组织领导地位不动摇。

第三条 党的农村基层组织必须高举中国特色社会主义伟大旗帜，坚持以马克思列宁主义、毛泽东思想、邓小平理论、“三个代表”重要思想、科学发展观、习近平新时代中国特色社会主义思想为指导，坚决维护习近平总书记党中央的核心、全党的核心地位，坚决维护党中央权威和集中统一领导，牢固树立“四个意识”，坚定“四个自信”，做到“四个服从”，坚持党要管党、全面从严治党，以提升组织力为重点，突出政治功能，努力成为宣传党的主张、贯彻党的决定、领导基层治理、团结动员群众、推动改革发展的坚强战斗堡垒。

第二章 组织设置

第四条 乡镇应当设立党的基层委员会。乡镇党委每届任期 5 年，由党员大会或者党员代表大会选举产生。

第五条 以村为基本单元设置党组织。有正式党员 3 人以上的村，应当成立党支部；不足 3 人的，可以与邻近村联合成立党支部。党员人数超过 50 人的村，或者党员人数虽不足 50 人、确因工作需要的村，可以成立党的总支部。党员人数 100 人以上的村，根据工作需要，经县级地方党委批准，可以成立党的基层委员会，下设若干党支部；村党的委员会受乡镇党委领导。

村党的委员会、总支部委员会、支部委员会每届任期 5 年，由党员大会选举产生。党员人数 500 人以上的村党的委员会，经乡镇党委批准，可以由党员代表大会选举产生。

第六条　县以上有关部门驻乡镇的单位，应当根据党员人数和工作需要成立党的基层组织。这些党组织，除党中央另有规定的以外，受乡镇党委领导。

第七条　农村经济组织、社会组织具备单独成立党组织条件的，根据工作需要，可以成立党组织，一般由所在村党组织或者乡镇党委领导。在跨村跨乡镇的经济组织、社会组织中成立的党组织，由批准其成立的上级党组织或者县级党委组织部门确定隶属关系。

村改社区应当同步调整或者成立党组织。

村及以下成立或者撤销党组织，必须经乡镇党委或者以上党组织批准。

第八条　乡镇党委一般设委员 7 至 9 名，其中书记 1 名、副书记 2 至 3 名，应当设组织委员、宣传委员，纪委书记由党委委员兼任。党委委员按照乡镇领导职务配备，应当进行合理分工，保证各项工作有人负责。

村党的支部委员会一般设委员 3 至 5 名，其中书记 1 名，必要时可以设副书记 1 名；正式党员不足 7 人的支部，不设支部委员会。村党的总支部委员会一般设委员 5 至 7 名，其中书记 1 名、副书记 1 名、纪检委员 1 名。村党的委员会一般设委员 5 至 7 名，最多不超过 9 名，其中书记 1 名、副书记 1 至 2 名、纪委书记 1 名。

第三章　职责任务

第九条　乡镇党委的主要职责是：

（一）宣传和贯彻执行党的路线方针政策和党中央、上级党组织及本乡镇党员代表大会（党员大会）的决议。

（二）讨论和决定本乡镇经济建设、政治建设、文化建设、社会建设、生态文明建设和党的建设以及乡村振兴中的重大问题。需由乡镇政权机关或者集体经济组织决定的重要事项，经乡镇党委研究讨论后，由乡镇政权机关或者集体经济组织依照法律和有关规定作出决定。

（三）领导乡镇政权机关、群团组织和其他各类组织，加强指导和规范，支持和保证这些机关和组织依照国家法律法规以及各自章程履行职责。

（四）加强乡镇党委自身建设和村党组织建设，以及其他隶属乡镇党委的党组织建设，抓好发展党员工作，加强党员队伍建设。维护和执行党的纪律，监督党员干部和其他任何工作人员严格遵守国家法律法规。

（五）按照干部管理权限，负责对干部的教育、培训、选拔、考核和监督工作。协助管理上级有关部门驻乡镇单位的干部。做好人才服务和引进工作。

（六）领导本乡镇的基层治理，加强社会主义民主法治建设和精神文明建设，加强社会治安综合治理，做好生态环保、美丽乡村建设、民生保障、脱贫致富、民族宗教等工作。

第十条　村党组织的主要职责是：

（一）宣传和贯彻执行党的路线方针政策和党中央、上级党组织及本村党员大会（党员代表大会）的决议。

（二）讨论和决定本村经济建设、政治建设、文化建设、社会建设、生态文明建设和党的建设以及乡村振兴中的重要问题并及时向乡镇党委报告。需由村民委员会提请村民会议、村民代表会议决定的事情或者集体经济组织决定的重要事项，经村党组织研究讨论后，由村民会议、村民代表会议或者集体经济组织依照法律和有关规定作出决定。

（三）领导和推进村级民主选举、民主决策、民主管理、民主监督，推进农村基层协商，支持和保障村民依法开展自治活动。领导村民委员会以及村务监督委员会、村集体经济组织、群团组织和其他经济组织、社会组织，加强指导和规范，支持和保证这些组织依照国家法律法规以及各自章程履行职责。

（四）加强村党组织自身建设，严格组织生活，对党员进行教育、管理、监督和服务。负责对要求入党的积极分子进行教育和培养，做好发展党员工作。维护和执行党的纪律。加强对村、组干部和经济组织、社会组织负责人的教育、管理和监督，培养村级后备力量。做好本村招才引智等工作。

（五）组织群众、宣传群众、凝聚群众、服务群众，经常了解群众的批评和意见，维护群众正当权利和利益，加强对群众的教育引导，做好群众思想政治工作。

（六）领导本村的社会治理，做好本村的社会主义精神文明建设、法治宣传教育、社会治安综合治理、生态环保、美丽村庄建设、民生保障、脱贫致富、民族宗教等工作。

第十一条　党员人数较多的村党支部，可以划分若干党小组。党小组在支部委员会领导下开展工作，组织党员学习和参加组织生活，检查党员履行义务、行使权利和执行支部委员会、党员大会决议的情况，反映党员、群众的意见。

第四章　经济建设

第十二条　党的农村基层组织应当加强对经济工作的领导，坚持以经济建设为中心，贯彻创新、协调、绿色、开放、共享的发展理念，加快推进农业农村现代化，持续增加农民收入，不断满足群众对美好生活的需要。具体任务包括：

（一）坚持以公有制为主体、多种所有制经济共同发展的基本经济制度，巩固和完善农村基本经营制度，坚持农村土地集体所有，坚持家庭经营基础性地位，坚持稳定土地承包关系，走共同富裕之路。

（二）稳定发展粮食生产，发展多种经营应当同支持和促进粮食生产相结合。

（三）推动乡村产业振兴，推进农村一二三产业融合发展，让农民合理分享全产业链增值收益。

（四）坚持绿水青山就是金山银山理念，实现农业农村绿色发展、可持续发展。

（五）领导制定本地经济发展规划，组织、动员各方面力量保证规划实施。

（六）组织党员、群众学习农业科学技术知识，运用科技发展经济。吸引各类人才到农村创业创新。

第十三条　党的农村基层组织应当动员和带领群众全力打赢脱贫攻坚战，如期实现脱贫目标，巩固发展脱贫攻坚成果、防止返贫，组织发展乡村致富产业，推动农民就业创业，教育引导农民既“富口袋”又“富脑袋”，依靠自己的辛勤劳动创造幸福美好生活。

第十四条　党的农村基层组织应当因地制宜推动发展壮大集体经济，领导和支持集体经济组织管理集体资产，协调利益关系，组织生产服务和集体资源合理开发，确保集体资产保值增值，确保农民受益。

第五章　精神文明建设

第十五条　党的农村基层组织应当组织群众学习习近平新时代中国特色社会主义思想，培育和践行社会主义核心价值观，开展中国特色社会主义和实现中华民族伟大复兴的中国梦宣传教育，爱国主义、集体主义和社会主义教育，党的路线方针政策教育，思想道德和民主法治教育，引导农民正确处理国家、集体、个人三者之间的利益关系，培养有理想、有道德、有文化、有纪律的新型农民。

党的农村基层组织应当加强群众培训，通过新时代文明实践中心（所、站）、农民夜校等渠道，深入宣传教育群众，用中国特色社会主义文化、社会主义思想道德牢牢占领农村思想文化阵地。

第十六条　党的农村基层组织应当改善农村人居环境，倡导文明健康生活方式。传承发展提升农村优秀传统文化，保护传统村落，加强农村文化设施建设，开展健康有益的文体活动。改善办学条件，普及义务教育。开展文明村镇、文明家庭创建活动，破除封建迷信和陈规陋习，推进移风易俗，弘扬时代新风。

第十七条　党的农村基层组织应当加强和改进思想政治工作。宣传党组织和党员先进事迹，宣传好人好事，弘扬真善美，传播正能量。了解群众思想状况，帮助解决实际困难，引导群众自觉听党话、感党恩、跟党走。

第十八条　党的农村基层组织应当加强对党员、群众的无神论宣传教育，引导党员、群众自觉抵制腐朽落后文化侵蚀，弘扬科学精神，普及科学知识。做好农村宗教工作，加强对信教群众的工作，管理好宗教活动场所，依法制止利用宗教干涉农村公共事务，坚决抵御非法宗教活动和境外渗透活动。必须在意识形态上站稳立场，旗帜鲜明反对各种错误观点，同一切歪风邪气、违法犯罪行为作斗争。

第六章　乡村治理

第十九条　党的农村基层组织应当加强对各类组织的统一领导，打造充满活力、和谐有序的善治乡村，形成共建共治共享的乡村治理格局。

村党组织书记应当通过法定程序担任村民委员会主任和村级集体经济组织、合作经济组织负责人，村“两委”班子成员应当交叉任职。村务监督委员会主任一般由党员担任，可以由非村民委员会成员的村党组织班子成员兼任。村民委员会成员、村民代表中党员应当占一定比例。

村级重大事项决策实行“四议两公开”，即村党组织提议、村“两委”会议商议、党员大会审议、村民会议或者村民代表会议决议，决议公开、实施结果公开。

第二十条　党的农村基层组织应当健全党组织领导的自治、法治、德治相结合的乡村治理体系。深化村民自治实践，制定完善村规民约，建立健全村务监督委员会，加强村级民主监督。推广新时代“枫桥经验”，推进乡村法治建设，提升乡村德治水平，建设平安乡村。

依法严厉打击农村黑恶势力、宗族恶势力、宗教极端势力、“村霸”，严防其侵蚀基层干部和基层政权。坚决惩治黑恶势力“保护伞”。

第二十一条　党的农村基层组织应当加强农村生态文明建设，组织党员、群众参与山水林田湖草系统治理，加强污染防治，保护生态环境，建设美丽乡村。

第二十二条　党的农村基层组织应当保障和改善民生，努力解决入园入托、上学、就业、看病、养老、居住、出行、饮水等群众最关心最直接最现实的利益问题，加强对贫困人口、留守儿童和妇女、老年人、残疾人、“五保户”等人群的关爱服务。投放农村的公共服务资源，应当以乡镇、村党组织为主渠道落实，保证有资源、有能力为群众服务。

注重运用现代信息技术，提升乡村治理智能化水平。

第七章　领导班子和干部队伍建设

第二十三条　农村基层干部应当认真学习和忠实践行习近平新时代中国特色社会主义思想，学习党的基本理论、基本路线、基本方略，学习必备知识技能。懂农业，掌握“三农”政策，熟悉农村情况，有能力、有措施、有办法解决实际问题；爱农村，扎根农村基层，安身安心安业，甘于奉献、苦干实干；爱农民，对农民群众充满感情、始终放在心上，把农民群众的利益摆在第一位，与农民群众想在一起、干在一起，不断创造美好生活。

各级党组织应当注重加强农村基层干部教育培训，不断提高素质。县级党委每年至少对村党组织书记培训 1 次。

第二十四条　加强农村基层干部队伍作风建设。坚持实事求是，不准虚假浮夸；坚持依法办事，不准违法乱纪；坚持艰苦奋斗，不准奢侈浪费；坚持说服教育，不准强迫命令；坚持廉洁奉公，不准以权谋私。坚决反对形式主义、官僚主义、享乐主义和奢靡之风。

严格农村基层干部管理监督，坚决纠正损害群众利益行为，严厉整治群众身边腐败问题。

第二十五条　乡镇党委领导班子应当由信念坚定、为民服务、勤政务实、敢于担当、清正廉洁，善于结合实际开展工作的党员干部组成。乡镇党委书记还应当具备一定的理论和政策水平，坚持依法办事，具有较强的组织协调能力、群众工作能力、处理农村复杂问题的能力，熟悉党务工作和“三农”工作，带头实干、敢抓敢管。

注重从优秀村党组织书记、选调生、大学生村官、乡镇事业编制人员中选拔乡镇领导干部，从优秀村党组织书记中考录乡镇公务员、招聘乡镇事业编制人员。重视发现培养选拔优秀年轻干部、女干部和少数民族干部。

第二十六条　村党组织领导班子应当由思想政治素质好、道德品行好、带富能力强、协调能力强，公道正派、廉洁自律，热心为群众服务的党员组成。村党组织书记还应当具备一定的政策水平，坚持依法办事，善于做群众工作，甘于奉献、敢闯敢拼。

村党组织书记应当注重从本村致富能手、外出务工经商返乡人员、本乡本土大学毕业生、退役军人中的党员培养选拔。每个村应当储备村级后备力量。

村党组织书记由县级党委组织部门备案管理。

根据工作需要，上级党组织可以向村党组织选派第一书记。

第二十七条　党的农村基层组织领导班子应当坚定执行党的政治路线。始终在政治立场、政治方向、政治原则、政治道路上同以习近平同志为核心的党中央保持高度一致，组织推进农村深化改革，促进各项事业发展，维护社会和谐稳定，不断增强群众获得感、幸福感、安全感。

第二十八条　党的农村基层组织领导班子应当贯彻党的思想路线。反映情况、安排工作、决定事项必须实事求是，一切从实际出发，说实话、办实事、求实效。

第二十九条　党的农村基层组织领导班子应当贯彻新时代党的组织路线。全面加强农村基层组织体系建设，建强战斗堡垒，把党员组织起来，把人才凝聚起来，把群众动员起来，合力推动新时代乡村全面振兴。

第三十条　党的农村基层组织领导班子应当贯彻党的群众路线。决定重大事项要同群众商量，布置工作任务要向群众讲清道理；经常听取群众意见，不断改进工作；关心群众生产生活，维护群众的合法权益，切实减轻群众负担。

第三十一条　党的农村基层组织领导班子应当贯彻党的民主集中制，认真执行集体领导和个人分工负责相结合的制度。凡属重要问题，必须经过集体讨论决定，不允许个人或者少数人说了算。书记应当有民主作风，善于发挥每个委员的作用，敢于负责。委员应当积极参与和维护集体领导，主动做好分工负责的工作。

第三十二条　乡镇党委领导班子每年至少召开 1 次民主生活会，村党组织领导班子每年至少召开 1 次组织生活会，严肃认真地开展批评和自我批评，接受党员、群众的监督。

第八章　党员队伍建设

第三十三条　党的农村基层组织应当组织党员认真学习和忠实践行习近平新时代中国特色社会主义思想，推进“两学一做”学习教育常态化制度化，认真开展党内主题教育活动，学习党的基本理论、基本路线、基本方略，学习形势政策、科学文化、市场经济、党内法规和国家法律法规等知识。

县、乡两级党委应当加强农村党员教育培训，建好用好乡镇党校、党员活动室，注重运用现代信息技术开展党员教育。乡镇党委每年至少对全体党员分期分批集中培训 1 次。

第三十四条　党的农村基层组织应当严格党的组织生活。坚持“三会一课”制度，村党组织应当以党支部为单位，每月相对固定 1 天开展主题党日，组织党员学习党的文件、上党课，开展民主议事、志愿服务等，突出党性锻炼，防止表面化、形式化。党员领导干部应当定期为基层党员讲党课。

党支部应当经常开展谈心谈话。

第三十五条　党的农村基层组织应当坚持和完善民主评议党员制度。对优秀党员，进行表彰表扬；对不合格党员，加强教育帮助，依照有关规定，分别给予限期改正、劝其退党、党内除名等组织处置。

第三十六条　党的农村基层组织应当教育和监督党员履行义务，尊重和保障党员的各项权利。推进党务公开，使党员对党内事务有更多的了解和参与。

第三十七条　党的农村基层组织应当加强和改进流动党员教育管理。流入地党组织应当及时将外来党员编入党的支部和小组，组织他们参加组织生活和党的活动。流出地党组织应当加强对外出党员的经常联系，可以在外出党员相对集中的地方建立流动党员党组织。

流动党员每半年至少向流出地党组织汇报 1 次在外情况。

第三十八条　党的农村基层组织应当严格执行党的纪律。经常对党员进行遵纪守法教育。党员违犯党的纪律，应当及时教育或者处理，问题严重的应当向上级党组织报告。对于受到党的纪律处分的，应当加强教育，帮助其改正错误。

第三十九条　党的农村基层组织应当按照控制总量、优化结构、提高质量、发挥作用的总要求和有关规定，把政治标准放在首位，做好发展党员工作。注重从青年农民、农村外出务工人员中发展党员，注意吸收妇女入党。

村级党组织发展党员必须经过乡镇党委审批。

第四十条　农村党员应当在社会主义物质文明建设和精神文明建设中发挥先锋模范作用，带头投身乡村振兴，带领群众共同致富。

党的农村基层组织应当组织开展党员联系农户、党员户挂牌、承诺践诺、设岗定责等活动，给党员分配适当的社会工作和群众工作，为党员发挥作用创造条件。

第九章　领导和保障

第四十一条　各级党委特别是县级党委应当高度重视党的农村基层组织建设，认真履行主体责任。

党的农村基层组织建设情况应当作为市县乡党委书记抓基层党建述职评议考核的重要内容，纳入巡视巡察工作内容，作为领导班子综合评价和领导干部选拔任用的重要依据。县级党委组织部门应当以足够精力抓好党的农村基层组织建设。

对党的农村基层组织建设重视不够、落实不力的，应当及时提醒、约谈；

出现严重问题的，应当严肃问责追责。督促抓好问题的整改落实。

第四十二条　各级党委特别是县级党委应当坚持抓乡促村，持续加强基本队伍、基本活动、基本阵地、基本制度、基本保障建设，整顿软弱涣散村党组织，整乡推进、整县提升。

乡镇党委应当全面落实抓村级组织建设的直接责任。乡镇党委书记和党委领导班子其他成员应当包村联户，经常沉下去摸情况、查问题，及时研究解决。

第四十三条　乡镇工作机构设置和人员配备，应当坚持加强服务、密切联系群众、治理重心下移的原则，构建权责相称、简约高效的基层管理体制，保证乡镇工作力量。乡镇应当设立党建工作办公室或者党建工作站，配备专职组织员，配强党务力量。加强乡镇小食堂、小厕所、小澡堂、小图书室、小文体活动室和周转房建设，改善乡镇干部工作和生活条件。

第四十四条　各级党委应当健全以财政投入为主的稳定的村级组织运转经费保障制度，建立正常增长机制。落实村干部基本报酬，发放人数和标准应当依据有关规定、从实际出发合理确定，保障正常离任村干部生活补贴。落实村级组织办公经费、服务群众经费、党员活动经费。建好管好用好村级组织活动场所，整合利用各类资源，规范标识、挂牌，发挥“一室多用”的综合功能，服务凝聚群众，教育引导群众。

第四十五条　各级党组织应当满怀热情关心关爱农村基层干部和党员，政治上激励、工作上支持、待遇上保障、心理上关怀，宣传表彰优秀农村基层干部先进典型，彰显榜样力量，激励新担当新作为。

第十章　附则

第四十六条　省、自治区、直辖市党委可以根据本条例，结合本地区情况制定实施办法。

第四十七条　本条例由中共中央组织部负责解释。

第四十八条　本条例自2018年12月28日起施行。1999年2月13日中共中央印发的《中国共产党农村基层组织工作条例》同时废止。